Familien-Reiseführer

PROVENCE MIT CÔTE D'AZUR

COMPANIONS

Familien-Reiseführer Provence

Spielen, sonnen und baden an den Stränden der Provence

Die Provence für Eltern und Kinder

Kinderfreundliche Badeplätze

Zehn Touren, die allen Spaß machen

Die tollsten Attraktionen für Kinder

Historische Bauwerke sind tolle Ausflugsziele für die Familie

Im Marineland auf Tuchfühlung mit den Meeresbewohnern gehen

Gut zu wissen

Was Sie wissen sollten

Diese Zeichen und Symbole begleiten Sie durch das ganze Buch und geben Ihnen besondere Informationen:

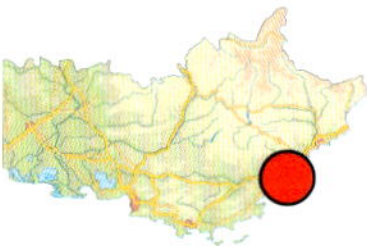

Die Mini-Karte der Provence mit dem dicken roten, grünen oder blauen Punkt zeigt Ihnen auf einen Blick, an welchem Ort sich die jeweilige Adresse befindet.

Infos zur Region oder spezielle Empfehlungen für die Eltern gibt's in den grünen Kästen.

In den orangefarbenen Kästen stehen tolle Tipps oder Geschichten für Kinder.

Regionale kulinarische Genüsse oder ein Restaurant, in dem auch Ihre Kinder auf ihre Kosten kommen, finden Sie in den blauen Kästen.

Unser Autor Gottfried Aigner bereiste schon in jungen Jahren mit Kind und Kegel die romantische Provence im Süden Frankreichs. Mit Freude begegnete er jetzt wieder den schönen Landschaften und großartigen historischen Zeugnissen. Um seine Leser nicht zu enttäuschen, schildert er aber auch die negativen Entwicklungen, seien es Verbauungen, der Verkehr und die oft hohen Preise. Nach 4.100 aufreibenden Kilometern hat er Geheimnisse und versteckte Abenteuer entdeckt, die einen harmonischen Familienurlaub garantieren.

DIE PROVENCE FÜR ELTERN UND KINDER

Die Provence entdecken

Beim Gedanken an die Provence beginnen die Zikaden zu zirpen, steigt der Duft von Rosmarin, Knoblauch und Lavendel in die Nase, die Kindergaumen schmecken Nugat und Crème glacée, die der Erwachsenen Coq au Vin, den in Rotwein ertränkten Gockel, und Pastis als Aperitif. Die inneren Augen sehen violette Lavendelreihen in den Himmel steigen und von Sonnenblumen umgebene, steinerne Bauernhäuser, gemalt von van Gogh und Cézanne.

Frischer Lavendelduft im Frühsommer: Markenzeichen der Provence

Fakten, Fakten...

Die historische Region Provence besteht aus den Départements Alpes-de-Haute-Provence, Var, Vaucluse und Bouches-du-Rhône. Nach der Neuordnung gehören die Départements Hautes-Alpes und Alpes-Maritimes (mit der Côte d'Azur) zur heutigen Region Provence-Alpes-Côte d'Azur (PACA) mit der ***Hauptstadt Marseille.*** *Die Region hat 4.936.000 Einwohner, die größten Städte sind: Marseille (851.000), Nizza (343.000), Toulon (165.000), Aix-en-Provence (141.000), Avignon (90.000), Arles (53.000), Carpentras (29.000) und Orange (28.000).*

Das Glück der Vor- und Nachsaison

Solche Bilder sind in romantischen Gegenden der Region immer noch möglich. Vorwiegend kann man sie außerhalb der Saison genießen. In der Hauptsaison sollten die Urlaubsplaner flexibel sein oder schon bei der Buchung beachten, dass die begehrten Sehenswürdigkeiten, die Gassen aufgestylter Dörfer im Hochsommer überfüllt sind. Also müsste das Quartier in der Nähe der bevorzugten Freizeitziele liegen. Dann ist die Familie schon vor dem großen Andrang am Ziel. Wer aber seine Unterkunft lieber in der Nähe des erfrischenden Meeres bucht, wird auch auf die herrlichen Landschaften der Provence, auf die vielen romantischen Dörfchen in den Hügeln nicht verzichten wollen. Das bedeutet straffe Organisation, um der lästigen Mittagshitze auszuweichen. Also früh aufstehen. Mittags wird dann Rast in einem ländlichen Gasthaus eingeplant oder Picknick am Rande eines Baches, eines Bergsees oder eines Waldes.

Von den Bergen ans Meer

Die Provence wird unterschiedlich gesehen. Die einen meinen die klassischen Départements, andere sehen die Gesamtregion einschließlich der Alpengebiete. Gleichwohl, alle Gebiete haben ihre Reize: Die provenzalischen Voralpen und die Seealpen bieten angenehme Temperaturen, wenig überfüllte Attraktionen (ab S. 84), seltene Begegnungen mit Wölfen und Bisons, romantische Badeseen und Schluchten. In den mittleren Berg- und Hügelregionen reihen sich mittelalterliche Dörfer aneinander, finden Radfahrer und Wanderer schattige Wege und eine die Sinne stimulierende Flora. Hier versammeln sich auch seltene Glanzlichter wie das Schildkrötendorf, die Landschaften und Minen aus rotem Ocker, ein Eismuseum und die Begegnung mit dem Neandertaler. Weiter im Süden finden sich Spuren der Römer entlang der Rhône, die mit zahlreichen Armen die einmalige Landschaft der Camargue bildet (s. Tour 6, S. 56). Im Süden warten auch erlebnisreiche Inseln auf ihre Verehrer, fahren Boote entlang der Calanques, der felsigen Buchten, beginnt die Reihe fantastischer Strände bis hoch zur italienischen Grenze.

Lebt die provenzalische Sprache noch?

Die provenzalische Sprache, auch als ***Okzitanisch*** *bezeichnet, lebt vor allem noch auf den Orts- und Straßenschildern. Schöne Beispiele sind in Aix für die Rue de l'École der „Carriero de L'Escòla", außerdem Sainte-Croix-du-Verdon, provenzalisch „Santo-Crous dòu Verdoun", und für Fontaine-de-Vaucluse die Übersetzung „La Font de Vau-Cluso". Im täglichen Gebrauch spielt die alte Sprache leider immer weniger eine Rolle. Das liegt nach Meinung der Einheimischen vor allem daran, dass im Tourismus derartige Folklore keinen Platz mehr hat. Abgesehen davon leben in der Region immer weniger Provenzalen, stattdessen gibt es einen regen Zuwachs an Franzosen aus dem Norden. Begünstigt durch den TGV, den Schnellzug, der Paris mit Marseille in drei Stunden verbindet. Zur Erinnerung und solange es noch ein paar echte Provenzalen gibt, hier einige Beispiele Französisch/Okzitanisch: Schlüssel: clé/clau, Nacht: nuit/nuèch oder nuèit, singen: chanter/cantar, Ziege: chèvre/chabra oder cabra, Kirche: église/glèisa, Hospital: hôpital/espital oder espitai, Käse: fromage/formatge oder hormatge, Haus/Siedlung: maison/mas.*

Auch bei der Badepause immer für ausreichend Schatten sorgen

Schattentipps für den Hochsommer

Familien, die ihren Urlaub die meiste Zeit am Meer oder an den Seen des Hinterlands verbringen wollen, müssen ihren Schatten oft selbst mitbringen: Sonnenschirme. Denn das Ausleihen ist gerade in der Hauptsaison recht teuer. Außerdem gibt es viele freie Strandplätze ohne Schirmvermieter, das trifft auch auf manche Badeseen zu (siehe Kinderfreundliche Badeplätze, ab S. 16).
An heißen Tagen, richtig geplant, kann der Ausflug den Museen gelten, die kühle Räume haben, wie beispielsweise das Prähistorische Museum in Quinson, das Musée Promenade in Digne-les-Bains oder die Licht- und-Ton-Show in Les-Baux-de-Provence (siehe Attraktionen, ab S. 84). Schatten auf ereignisreichen Wegen bieten auch der Zoo in Barben und der mediterrane Garten in Rayol-Canadel-sur-Mer. Überlegen Sie vorher, wann Sie den Besuch starten möchten: Um Busgruppen auszuweichen, ist der Ausflug vor 11 und nach 15 Uhr zu raten.

Liebe auf den ersten Blick

Der keltische König Nann hatte eines Tages beschlossen, für seine hübsche Tochter Gyptis einen Mann zu suchen. Nach alter Sitte versammelten sich deshalb alle heiratsfähigen Adligen des Stamms an den Gestaden des Mittelmeers, wo Gyptis jenem einen Kelch überreichen sollte, der ihr für ein Bündnis auf Lebenszeit passend schien.
Zur selben Zeit landeten Griechen auf der Suche nach neuen Handelsplätzen an dieser Bucht, an der heute Marseille liegt. Als Protis, der gut aussehende Anführer der griechischen Seeleute, auf die versammelten Kelten zuschritt, entflammte auf der Stelle das Herz der Königstochter, und ohne lange zu überlegen, überreichte sie ihm den Pokal. Als Mitgift brachte Gyptis den Hügel über der Bucht in die Ehe, auf der heute die Wallfahrtskirche Notre-Dame-de-la-Garde thront.
Kelten und Griechen gründeten daraufhin an der Bucht zusammen eine neue Hafenstadt und nannten sie ***Massalia.*** *Der Name entstammt dem provenzialischen Begriff „Mas“ für Haus und „Salia“ nach dem damals hier ansässigen Keltenstamm der Salier.*

Was Eltern wissen sollten

Wie schon links erwähnt, ist in der Hauptsaison mit belastenden Temperaturen zu rechnen. Wer kleine Kinder hat, sollte die Monate März bis Anfang Juni sowie September und Oktober wählen. Auch mit Schulkindern bieten die Oster- und Herbstferien Gelegenheiten für einen angenehmen Provence-Urlaub.

Badewasser schlürfen

Die größten Sorgen für Eltern und Großeltern sind bei einem Badeurlaub die Sauberkeit des Wassers und die Sicherheit der Strände. Seit Jahren wird für intakte Badezonen die Blaue Europa-Flagge vergeben, die von den Betreibern eine ganze Reihe an Vorkehrungen verlangt (siehe Kasten). An der provenzalischen Küste haben sich sehr viele Badeplätze um diese Auszeichnung bemüht und zum Teil schon seit Jahren erhalten. Die Auswahl in der Rubrik „Kinderfreundliche Badeplätze“ bezieht sich mit wenigen – begründeten – Ausnahmen auf „blaue Strände“. Doch Vorsicht: Nicht immer ist die Blaue Flagge per se ein gutes Zeugnis. Es gibt schlaue Pächter, die einfach eine ganz ähnliche Flagge hissen. Die Jahreszahl muss auf dem Tuch stehen, das ist wichtig!

Offiziell bestätigte Sauberkeit

Beantragt eine Gemeinde die Auszeichnung mit der ***Blauen Flagge,*** *muss sie viele Kriterien erfüllen. Die von Brüssel initiierte Untersuchung umfasst Wasserqualität, Umwelterziehung vor Ort (Schule, Vorträge, Plakate etc.) sowie die Sicherheitsüberwachung am Strand und das Vorhandensein sanitärer Einrichtungen. Wer gut abschneidet, darf die Blaue Flagge mit Jahresangabe für ein Jahr an den Strand hängen. Aktuelle Informationen zur Blauen Flagge gibt es unter www.blueflag.org.*

Die Blaue Flagge garantiert sicheren Badespaß im Urlaub

Achtung, Sommerquallen!

Jedes Jahr werden vor der Mittelmeerküste Quallenschwärme gemeldet. Da eine Berührung starke Hautverbrennungen verursacht, müssen Kinder aufgeklärt werden, damit sie das exotische Strandgut nicht berüh-

ren. Selbst wenn die Quallen tot sind, können sie noch drei bis vier Tage lang „nesseln". Beobachtet wird das Meer an der Côte d'Azur vom Laboratoire d'Océanographie. Doch nicht immer werden die Warnungen ernst genommen. Strandbesuchern wird daher geraten, sich beim Posten der örtlichen Rettungsschwimmer nach der aktuellen Lage zu erkundigen. Auch bei Kontakt mit den Quallen kann der Poste de Secours helfen. Wichtig: Niemals mit Handtuch oder Sand über die Verbrennung rubbeln, die Nesselkapseln kommen sonst zur Entladung. Besser ist es, zunächst Essig oder Meerwasser darüberzugießen.
Sollte weitere Hilfe durch Rettungsschwimmer, Arzt oder Apotheke nicht gleich möglich sein, so raten die Touristiker, an den gereizten Stellen Rasierschaum aufzutragen und mit einer Kreditkarte wieder abzustreifen.
Manche Gemeinden gehen lieber auf Nummer sicher und schützen ihre Gäste mit speziellen Quallennetzen vor den Nesseltieren. Bereits geschehen ist dies bis jetzt in Cannes (Strände Gazagnaire, Macé und Roubine), andere Ort wollen folgen. Die Touristenämter müssten Bescheid wissen, aktuelle Informationen gibt es unter www.rivierazeitung.com.

Sonnenschutz ist das A und O. Also immer schön den Hut aufsetzen!

Was Kinder wissen sollten: Taschengeld sparen

*Auch die jungen Urlauber müssen im Urlaub kalkulieren. Hier ein paar **Provence-Preise**: eine Kugel Eis € 2-2,20 (!), Schokolade (100 g) ab € 1,10, 1 l Milch ab € 1, 1,5 l Mineralwasser € 0,35-0,85, 1 l Orangensaft € 0,55-2,50, 1 kg Bananen ab € 1,70, Äpfel ab € 2,60, ein Baguette ab €0,80, ein gut belegtes Sandwich ab € 3,50.*

Unfreiwillige Sonnenwirkung

Viele Urlauber, vor allem Kinder, wollen es einfach nicht glauben: Zu viel Sonne produziert rote Haut, Kopfschmerzen, Übelkeit und kann dauerhafte Schäden anrichten. Deshalb müssen Kinder – aber auch Glatzköpfe – unbedingt eine Kopfbedeckung tragen, ebenso ist Nackenschutz wichtig. Auch ein Hemdchen sollen die Kleinen beim Spiel in der Sonne tragen. Dieser Schutz ist selbst bei bedecktem Himmel wichtig, denn die UV-A- und UV-B-Strahlen dringen durch die Wolkenschicht. Außerdem: Wasser reflektiert die UV-Strahlung zu hundert Prozent, die Wirkung kommt an Meer oder Pool also von zwei Seiten, von oben und von unten. Grundsätzlicher ärztlicher Rat: von 11 bis 15 Uhr die Sonne meiden.

Lästige Viecher mit Stechrüssel

Wer die weiblichen Stechmücken durch seine speziellen Körperdüfte reizt, ist nirgendwo sicher und sollte immer Gegenmittel dabeihaben. In der Provence gilt das weniger in den höheren Regionen, aber auf jeden Fall in der Nähe von stillen Seen und in den Feuchtgebieten der Camargue. Man kann sich seine individuelle Hautlotion mit ätherischen Ölen zusammenmischen, die es in Apotheken und Reformhäusern gibt: Anis, Zitrone, Zeder und Minze. Bei industriellen Mitteln empfiehlt die Weltgesundheitsorganisation Antimückenmittel mit dem Wirkstoff DEET, der als gesundheitsverträglich gilt. In der Provence sitzen die Geplagten an der Quelle: Lavendelöl auftupfen! Auf jeden Fall sollten alle, auf deren „süßes Blut" die weiblichen Biester besonders zwischen 19 und 22 Uhr scharf sind, abends lange Hosen und langärmlige Hemden tragen und die Füße mit Strümpfen bedecken.
Eine neue Gefahr ist das Auftreten der Asiatischen Tigermücke, die z. B. das Dengue-Virus übertragen kann (Denguee-, auch Knochenbrecher-Fieber wegen der starken Gelenkschmerzen). Infektionen wurden bereits aus Kroatien und Südfrankreich gemeldet. Viele Gemeinden kämpfen gegen die Verbreitung, fordern die Bevölkerung auf, stehendes Wasser zu vermeiden, z. B. offene Fässer mit Regenwasser oder Blumentopf-Untersetzer mit überschüssigem Gießwasser. Das Robert-Koch-Institut empfiehlt empfindlichen Urlaubern, Mückenschutzmittel auch tagsüber sorgfältig aufzutragen.

Die Provenzalen und die Kinder

Wie alle Südländer, so gelten auch die Bewohner der Provence als äußerst kinderfreundlich. Das ist vor allem auf Campingplätzen und bei vergnüglichen Attraktionen zu spüren, wo sich die Racker nach Herzenslust austoben können und wo es ruhig auch ein bisschen lauter zugehen darf. Ebenso ist der Besuch von Restaurants mit Kindern kein Problem. Abgesehen natürlich von mit Sternen gelobten Gourmet-Tempeln, wo die Gäste ihr teuer bezahltes Essen meist in Ruhe genießen wollen.

Var ohne Var, ist das wahr?

*Das touristisch sehr abwechslungsreiche **Département Var** reizt Urlauber, die Herkunft des Namens zu ergründen. Als Antwort ist häufig zu hören, dass der Fluss Var dem Landesteil seinen Namen gegeben hat. Beim Studium der Landkarte ist aber nirgendwo im Var der gleichnamige Fluss zu finden. Die klärende Antwort: Dieser Fluss gehört seit der Neuordnung der Region im Jahre 1859 (!) nicht mehr zum Département, sondern fast vollständig zum Département Alpes-Maritimes. An eine neue Namensgebung hat wohl niemand gedacht.*

Essen & Trinken

Ein Satz klar vorweg: Die Provence ist im Vergleich zu anderen südlichen Urlaubsgebieten ziemlich teuer. Familien mit Kindern müssen vorausplanen, denn Restaurants mit der bekannt guten Küche lassen sich ordentlich bezahlen. Wer pauschal gebucht hat, möglichst Halbpension oder all-inclusive, kann die Urlaubsausgaben besser berechnen. Günstiger dran sind auch Selbstversorger, die in einem Apartment mit Küche wohnen, sich Einkaufstipps vom Vermieter holen und in Supermärkten oder auf Wochenmärkten versorgen.

Preiswerte Chance: Bistros auf dem Land

Doch zum Provence-Urlaub gehören Ausflüge in die abwechslungsreiche Landschaft, der Besuch von Städten und Dörfern. In großen touristischen Zentren besteht eher die Möglichkeit, sich in einem preiswerten Fast-Food-Restaurant mit einem Tagesteller oder in einer Sandwicherie mit belegten Brötchen zu begnügen. Auf dem Lande sind die Bistros zu empfehlen (siehe Kasten). Preiswert sind auch die Brasserien oder die Cafés in vielen Orten. Aufgepasst: Das sind keine Kaffehäuser in unserem Sinne, sondern Gaststätten oder Kneipen. Wer eine Kaffestube sucht, muss nach dem alkoholfreien Salon de Thé schauen. Generell muss man sich daran gewöhnen, dass die Pizza oder ein Teller Pasta unter € 10 eine Ausnahme sind (in der Rubrik „Zehn Touren" zu finden) und das Kindermenü oft aus Hacksteak und Pommes frites besteht, ein Getränk oder ein Eis noch dazu. Viele Wirte

Für die Stärkung zwischendurch: leckere Nudel-, Reis- und Gemüsepfannen

haben Verständnis, wenn die Kleinen eine süße Nachspeise vorziehen, eine mit Schokolade oder Marmelade gefüllte Crêpe, einen Obstkuchen (Tarte) oder ein fruchtiges Sorbet.

Ratatouille spricht man „ratatui"

Doch kommen wir zur guten provenzalischen Küche, man will eben doch gelegentlich leben wie „Gott in Frankreich". Meistens werden lokale Produkte verarbeitet. Wird „à la provençale" angeboten, bedeutet das Tomatensoße mit Kräutern der Provence, mit Auberginen, Zucchini, Paprika und Olivenöl. Klar, dass auch viele vegetarische Gerichte angeboten werden, das berühmteste ist Ratatouille, ein Gemüseeintopf, der auch zu Hause leicht zubereitet ist. Die Bestandteile: Zucchini, Tomaten, Auberginen, Zwiebeln, rote Paprikaschoten, Knoblauch, Olivenöl, Lorbeer und Basilikum. Wetten, dass dieser Eintopf auch Kindern schmeckt?

Rind, Hähnchen oder Fisch?

Eher für Erwachsene oder Heranwachsende, die schon „auf den Geschmack gekommen" sind, ist Bœuf en Daube, ein deftiger Rinder-Schmortopf in Rotweinsoße. Wird er aus dem Stierfleisch der Camargue zubereitet, heißt er Boeuf Gardian. Oder wie wär's mit geschmortem Lammrücken (selle d'agneau) mit getrockneten Kräutern der Provence, Suppengrün, Möhren, Schalotten und Zucchini? Hähnchen (Poulet) schmeckt eigentlich allen Altersklassen. Bei den meisten Rezepten wird ordentlich Knoblauch (Ail) zugegeben, also vorher fragen, wenn Knofi nicht vertragen wird.

Preiswerte Bistros auf dem Lande

*Ländliche **Bistros** werden meistens von der Familie geführt und bieten einfache, preiswerte Gerichte an. Da gibt es schon einmal Menüs zwischen € 10 und € 13. Eine gute Auswahl in Dörfern mit weniger als 2.000 Einwohnern ist im Internet unter www.bistrotdepays.com zu finden. Für die Vorplanung eines Ausflugs empfiehlt sich auch www.villes-de-terroir.com mit wichtigen Informationen und Restaurant-Tipps, Menüs ab € 15 und Angeboten für Kinder (Menü „Petit Gourmet").*

Das berühmteste Rezept ist Coq au Vin, mit Rotwein und allen Kräutern der Region zubereitetes Hähnchen.
Die Provence grenzt an das Mittelmeer und hat im Land zahlreiche Flüsse und Seen. Klar, dass Fischgerichte viele Speisekarten beherrschen. Einen guten Namen hat die Bouillabaisse, die allerdings kaum mehr zu bezahlen ist, vor allem wenn sie aus den vorgeschriebenen mindestens zwölf verschiedenen Fischsorten gezaubert wird. Preiswerter und vielleicht eher kindgerecht ist die Soupe de Poisson (Fischsuppe). Auch andere Fischgerichte (bourride) sind eher erschwinglich, vor allem im Landesinneren frisch gefangene Bachforellen (truite), die auch manchen jungen Gourmets schmecken. Weniger begeistert sind die meisten von Krustentieren

Wer das besondere Flair sucht, sollte in kleinen Bistros zu Mittag essen

und Meeresfrüchten, doch für ältere Feinschmecker ist das Küstengebiet der Provence ein Eldorado: Muscheln und Austern, Seeschnecken und Krebse, Shrimps und Langusten, vielleicht probieren sie sogar Chapeau flamands, das sind Seefeigen, wohl weniger die Oursins, die Seeigel, weil sie nicht so appetitlich aussehen.

Provenzalische Spezialitäten

Man spricht häufig darüber, viele Südfranzosen verdrehen bei der Erwähnung die Augen, ich selbst habe es nicht geschafft, die Grenouilles à la provençale, paniert, in Öl und Knoblauch gebraten, zu kosten, aber wer sich an den Froschschenkeln versuchen möchte, nur zu. Spezialitäten, die allen schmecken könnten, sind: Fleurs de Courgettes: mit Hackfleisch oder Frischkäse gefüllte Zucchiniblüten; Petits farcis: mit Hackfleisch und Spinat gefülltes Gemüse; Soupe au Pistou: Gemüsesuppe aus Zucchini, weißen Bohnen und Tomaten, mit Basilikum, Knoblauch und Olivenöl gewürzt.

Seeluft macht durstig

Gegen den Durst finden Kinder überall Getränke, die sie von zu Hause gewohnt sind. Für Eltern und Großeltern ist auch gut gesorgt. Biertrinker finden gute einheimische, aber auch aus Deutschland importierte Sorten. Wäre ja auch ein Wunder, denn Funde in frühkeltischen Siedlungen belegen, dass in der Provence schon vor 2.500 Jahren das Bierbrauen hoch entwickelt war. Eine besondere Adresse für Bierfreunde ist **La Route des Bières** im Zentrum von Aix-en-Provence [Rue des Cordeliers 26, zwischen Hotel de Ville und Cours Sextius. Mo-Sa 10-13 und 14-19.30 Uhr]. Mehr als 300 Sorten Bier aus aller Welt sind hier zu finden.

„Santè" im Weinparadies

Weinfreunde befinden sich in der Provence natürlich im Paradies. Da muss man sich durchprobieren. Eine kleine Hilfe: Gute, kraftvolle Rotweine kommen aus den Côtes-du-Rhône-Lagen, vorwiegend Vaucluse, benachbart sind die Côtes du Luberon und die Côtes du Ventoux. Die besten Weißweine gibt es an der Küste, berühmt sind die Weinberge rund um Cassis. Für deutsche Weintrinker überraschend: Häufig wird fruchtiger, trockener Roséwein von den Côtes de Provence empfohlen, die aus dem Var und Bouches-du-Rhône sollen die besten sein. Zur Abrundung des Themas: Als Aperitif ist der Pastis zu empfehlen, gern mit Wasser verdünnt, ein Anis-Likör aus Alkohol, Anis-Essenz, Zucker und Süßholz. Für Kinder stehen die bekannten Softdrinks bereit, oft auch eine Limonade aus frischen Zitronen oder frisch gepresster Orangensaft.

KINDERFREUNDLICHE BADEPLÄTZE

Côte d'Azur

Gleich hinter dem Fürstentum Monaco beginnt die **Côte d'Azur** zunächst mit dem etwas ruhigeren, in Blumen gebetteten Cap-d'Ail (Knoblauch). Die Blaue Flagge erhielt nur der Strand Pissarelles (Kies, kein Restaurant). In den berühmtesten, den möndänen Orten der Côte d'Azur ist während der Saison der Spruch von den Heringen in der Büchse angebracht.
In **Nizza** liegen die meisten Strände im Osten am Quai des États-Unis und daran anschließend an der kilometerlangen Promenade des Anglais, vorwiegend mit Kies. Von den 15 privaten und 20 öffentlichen Stränden haben nur zwei die Blaue Flagge erhalten: im Osten Richtung Cap Ferrat der Coco Beach (Avenue Jean Lorrain 2), ein Felsenstrand mit Einstieg über Leitern mit tollem Blick über die Baie des Anges, beliebtes Restaurant mit Grillfisch und Meeresfrüchten; Parkplätze entlang des Boulevard Franck Pilatte und der Avenue Jean Lorain. Der zweite ausgezeichnete Strand ist an der Promenade des Anglais der Bambou mit Liegestuhlzonen für mehr Privatsphäre.

Badezeiten, Preise

*Badezeit an der **Côte d'Azur** ist zwischen Juni und Oktober (je 20 °C), die Anbieter an den Seen im Landesinneren (Beispiel Lac de Sainte-Croix) haben zwischen April und September geöffnet. Liegen kosten durchschnittlich ca. € 15 pro Tag und Person, Sonnenschirme € 17, nach oben gibt es keine Grenzen.*

Traumhaft weite Strände und türkisfarbenes Meer in Nizza

Entlang der Blauen Flaggen

Highlife herrscht in **Antibes**, 16 Strände erhielten die Blaue Flagge, die Strände sind feinsandig, der Einstieg ist sanft, Wassersportmöglichkeiten sind vorhanden: Parasailing, Jetski und Surfen. Von den Stränden mit Europa-Zertifikat ist die Plage de la Salis zwischen der hübschen Altstadt und dem Cap d'Antibes am schönsten und ideal für Familien mit Kindern. Am Strand gibt es Duschen, öffentliche Toiletten im Jachtclub, in der Saison kostenlose Parkplätze. Mehrere Kioske bieten Snacks. Die anderen Strände sind: Garoupe Ouest, La Gravette, Le Ponteil (beh.), Garoupe Est, Les Groules, Fontonne Est und Ouest, Pont du Lys, Antibes-les-Pins Est und Ouest, Grande Plage Juan-les-Pins, Gallice, Marineland, Square Gould und Fort Carré. Ehe es weiter nach Cannes geht, liegt am Golfe Juan das alte Dorf **Vallauris** mit mediterranem Flair, guten Fisch-restaurants und malerischem Hafen. Ein Stopp lohnt sich für Verehrer von Pablo Picasso, der von 1948 bis Mitte der 1950er-Jahre in der Villa Galloise lebte.

Musée National Picasso, Place de la Libération s/n, Mi-Mo tgl. 10-12.15 und 14-17 Uhr.

Feiner Sand in Cannes

Das mondäne **Cannes** konnte es sich leisten, seine 7,5 Kilometer lange Strandzone mit feinem Sand aufzuschütten. Von den 15 ausgezeichneten Stränden sind jene der Insel Sainte-Marguerite besonders hervorzuheben (siehe S. 87) sowie die Strände Midi und Port Pierre Canto, weil sie behindertengerecht sind. Die Rochers de la Bocca, 15 Minuten zu gehen, belohnen mit wilder Natur und Erholung vom hektischen Betrieb. Weitere Blaue-Flagge-Strände in Cannes sind Chantiers Navals, Trou (Roubine), Font de Veyre, Gazaniaire, Moure Rouge, Riou, Saint-Georges, Rochers de la Bocca und Sud Aviation.

Grasse, eine dufte Stadt

Wer „Das Parfüm" von Patrick Süskind gelesen bzw. gesehen hat, sucht in der Stadt des Parfüms, 21 Kilometer oberhalb von Cannes, vergeblich nach den alten, nach Fisch riechenden Gassen. ***Grasse*** *ist eine moderne Stadt und duftet nach Parfüm und feinen Seifen. Parfümerien laden zur Besichtigung ein (siehe S. 113), manche werben mit ihrem Museum. Doch das echte* ***Musée International de la Parfumerie*** *(Boulevard du Jeu de Ballon 2, 06130 Grasse, April-Sep tgl. 10-19, Okt-März Mi-Mo 10-17.30 Uhr, Erw. € 4, Kinder und Jugendliche unter 18 J. frei) liegt etwas abseits und bietet einen sensationellen Überblick über die Geschichte des Parfüms. Auf mehreren Stockwerken können sich Kinder leicht verlaufen, deshalb im Raum „Immersion sensorielle" verabreden. Dort kann man auf bequemen Kissen ruhen, aus Düften, Melodien und Bildern süße Träume kreieren. Zum Bummel lädt die verkehrsfreie* ***Rue Marcel Journet*** *ein, die von oben mit erfrischendem Wasserstaub gekühlt wird. Hier gibt viele Düfte zu kaufen, Eis- und Crêpes-Buden erfüllen kulinarische Wünsche.* ***Tourismusbüro,*** *Place de la Buanderie s/n, 06130 Grasse, Tel. 0493-36 66 66, www.grasse-riviera.com.*

Der lange Strand von Sainte-Maxime bietet Material für Sandburgenbauer

Sainte-Maxime

Der Strand von **Sainte-Maxime**, oberhalb von St.-Tropez, zieht sich fünf Kilometer am Meer entlang, fast überall gibt es die Möglichkeit, sich in Wasserski, Segeln, Tauchen und Surfen zu erproben, auch für Kinder. Folgende Strände (von Ost nach West) erhielten die Blaue Flagge und haben einen behindertengerechten Zugang: Plage Garonnette (Schatten), Plage LÉléphants, Plage La Nartelle, Plage Casino/Centre Ville und Plage Croisette (gelobt wird die Strandbar).

Anfahrt: *von Osten und Westen über die D 559 erreichbar.*

La Croix-Valmer

Die Strände des kleinen Orts sind von St.-Tropez durch eine landschaftlich beeindruckende Halbinsel getrennt. Wer von Osten kommt, sollte also nicht die direkte D 559 benutzen, sondern die reizvolle D 93 über den Col de Collebasse. Südlich davon liegen die zwei mit der Blauen Flagge belohnten Strände Gigaro und La Douane (beide behindertengerecht).

Anfahrt: *von Osten über die D 559 auf die D 98 A und vor St.-Tropez auf die D 93 abzweigen, von Westen über die D 559 Richtung La Croix-Valmer, vor dem Ort ostwärts zu den Stränden.*

Le Lavandou

Die **Lavandou-Strände** liegen über zwölf Kilometer verstreut am westlichen Ende der Corniche des Maures und tragen den Namen des benachbarten Orts. Alle Sandstrände haben flachen Zugang zum Meer. Die mit der Blauen Flagge ausgezeichneten Urlaubsplätze von Ost nach West: Pramousquier (geschützt durch zwei Felsvorsprünge, behindertengerecht), Cavalière (von Pinien umgeben, alle Wassersportarten, auch Tretboote, Beachvolleyball, beh.), Aiguebelle (ruhiger Badeort), La Fossette (schmaler Sandstrand, geschützt durch zwei Felsvorsprünge), Saint-Clair (Beachvolleyball, Wassersportgeräte, beh.), Lavandou Ville (der größte Strand, Wassersportgeräte, Parasailing, Jetski, beh.), L'Anglade mit den Strandabschnitten Batailler-Poste de Secours und Batailler Centre (Strandfußball, Beachvolleyball, beh.). Freunde des Tauchsports finden am neuen Hafen die Tauchschule **Lavandou Plongée**, die auch für Anfänger Kurse anbietet. Berühmt sind die Ausfahrten zu den Wracks in Küstennähe (Tel. 0494-71 83 65, www.lavandou-plongee.com).

Auskunft für alle Orte finden Sie bei: La Maison du Lavandou, Quai Gabriel Péri, 83980 Le Lavandou, Parkplatz am Hafen, Tel. 0494-00 40 50, www.lelavandou.eu.
Anfahrt: *Strände sind erreichbar über D 559 zw. Rayol-Canadel-sur-Mer im Osten und Bormes-les-Mimosas im Westen* *(siehe S. 40)**.*

Sonne, Strand und Meer: alles, um einen Tag lang die Seele baumeln zu lassen

La Londe-les-Maures

Auf drei Kilometer Strecke liegen im Ortsteil **Le Bormettes** drei feinsandige, flach abfallende Sandstrände, alle behindertengerecht: im Osten des Hafens L'Argentière mit Tretboot, Seekajak, Surfen, Paddelschule (ab 8 J., Juli/Aug 10-18.30 Uhr) sowie **Tamaris** mit Jetski und Behindertenbetreuung. Westlich des Hafens bietet der Strand **Miramar** im „Aquaboum" für Kinder Hüpfburgen, Trampolin, Rutschen und Boot-Scooter (ab 2 J.) sowie von Juni bis September einen Mickey-Club (4-12 J.) mit Schwimmkursen im Pool.

Anfahrt: *östlich von Hyères auf der Küstenstraße D 559, im Ort 3 km nach Süden zum Port de Miramar.*

Zur Mittagszeit tun ein paar Stunden unter dem Sonnenschirm gut

Zu Papageien und Lemuren

*Zur Abwechslung mal weg vom Wasser, dann ab in den Zoo, den **Jardin Zoologique Tropical.** Zur Sicherung der Arten werden hier auch gefährdete Tiere gehalten, u. a. bunte Papageien, zwitschernde Sittiche, großnasige Nashornvögel, wie Menschen lachende australische Eisvögel („Lachender Hans"), hüpfende Kängurus, glotzende Lemuren und niedliche Totenkopfäffchen. Angeschlossen ist ein botanischer Garten.*

Route de Saint-Honoré 58, D 559, westlich von La Londe, Tel. 0494-35 02 15, www.zootropical.com. Juni-Sep tgl. 9.30-19, Okt u. Feb-Mai tgl. 14-18, Nov-Jan Mi/Sa/So 14-17 Uhr. Erw. € 10, Kinder (2-12 J.) € 6.

Rund um die Halbinsel Giens

Südlich von Hyères streckt sich die Halbinsel **Giens** ins Meer, in ihrer Mitte die alten Pesquiers-Salinen mit zahlreichen Flamingos. Rundum gibt es Sandstrände, im Osten mit flachem Einstieg. Auf halber Strecke an der Route de Giens liegt La Bergerie mit allen Annehmlichkeiten, die für die Vergabe der Blauen Flagge erforderlich sind, und etwas windig, also gut für Windsurfer. Am südlichen Ende der Route de Giens befindet sich der Riviera Beach Club (siehe S. 110) mit schmalem langem Sandstrand und Schulen fürs Wind- und Kitesurfen. Gegenüber liegt die Insel Porquerolles, im Norden mit der beliebten Plage d'Argent. Auch ihre schmalen, flach abfallenden Sandstrände dürfen die Blaue Flagge hissen. Auf der Westseite der Halbinsel, in der nördlichsten Ecke, wurde L'Almanarre Nord ausgezeichnet. Starker Wind macht diese Küste zu einem idealen Platz für Kite- und Windsurfer, auch für das Funboard gibt es ausreichend hohe Wellen. Wind und das steil abfallende Ufer bedeuten aber, dass L`Almanarre für Familien mit Nichtschwimmern weniger geeignet ist.

Beim Spielen am Strand sind schnell neue Freunde gefunden

Anfahrt: *von Osten D 98, vor Hyères D 42 nach Süden, von Westen ab Toulon D 559 bis Costebelle/L'Almanarre, dann südwärts.*

Sattel, Sandstrand und Salinen

Port Pothuau *ist ein kleiner Fischerhafen, sieben Kilometer östlich von Hyères. Gleich nebenan erstreckt sich der wunderschöne Sand- und Kiesstrand, die Plage des Salins, mit Beachvolleyballfeld. Wie der Name schon sagt, liegen hinter dem Strand die* ***Salinen von Hyères.*** *Das Naturschutzgebiet beherbergt eine reiche Vogelwelt, Besichtigung Mi-So April-Juni u. Sep-Okt 9-12 u. 14-17.30, Juli/Aug 9-12 u. 16-20, Jan-März u. Nov/Dez 10-12 u. 14-16.30 Uhr. Ganz in der Nähe bietet ein* ***Reitstall*** *Ponytouren für Kinder von 6 bis 12 Jahren an: Relais Equestre de la Ferme, Chemin des Ourlèdes 1300, Les Salins, 83400 Hyères, Tel. 0494-66 41 78, info@ref-equitation.com, www.ref-equitation.fr.*

Le Pradet und Toulon

Auf ca. zehn Kilometern reihen sich die Sandbuchten beider Städte aneinander. Sie sind selten überfüllt, fast alle haben einen flachen Einstieg ins Meer, der Sand von Pradet ist teils mit Kies vermischt, der von Toulon, Sammelbegriff Plages du Mourillon, fein (alle mit Beachvolleyballfeldern und behindertengerechtem Zugang). Die Blaue Flagge weht an den Buchten (von Ost nach West): in **Le Pradet** Les Oursinières (beh.), La Garonne (keine Dusche, Kajak, Katamaran, Windsurfen), Les Bonnettes (kein Restaurant), Monaco (Naturstrand, schnell abfallender Einstieg, kein Restaurant) und Pin-de-Galles (schnell abfallender Einstieg); in **Toulon** Les Pins Centre (schöne Lage), Source Ouest, Anse Mistral und Lido (2 Buchten).

Anfahrt: *alle Strände südlich der D 559, über Nebenstraßen erreichbar.*

In Le Pradet mischen sich Sand und Kies, um schöne Strände zu formen

Mont Faron: super Blick auf die Urlaubsküste

Die Hafenstadt Toulon ist kein typischer Urlaubsort, doch die Seilbahn auf den 584 Meter hohen ***Mont Faron*** *gilt als Highlight. Allein der Blick über die Südküste ist berauschend, Spaziergänge in frischer Luft machen Freude, wer will, kann den kleinen Zoo besuchen, der sich um die Arterhaltung bemüht (u. a. Hyänen, Wölfe, Tiger, Pumas, Jaguare und Panther in kleinen Arealen). Seilbahn-Station: Gare du Téléphérique, Boulevard Amiral Jean Vence s/n, Tel. 0494-92 68 25, www.telepherique-faron.com. Tgl. ab 10 Uhr alle 10 Min Dez/Jan geschl., Erw. € 7,50, Kinder (4-10 J.) € 5,50, mit Zoobesuch € 14,50/10. Zoo: tgl. Mai/Juni u. Sep 10-18, Juli/Aug 10-18.15, Okt-April 10-17. Uhr.* ***Fort Beaumont*** *erinnert an die Landung der Alliierten in der Provence im Zweiten Weltkrieg. Mémorial im Fort Beaumont: Di-So Mai/Juni 9.45-18, Juli-Sep 9.45-12.45 u. 13.45-18.30, Okt-April 9.45-12.45 und 14-17.30 Uhr, Juli-Mitte Sep auch Mo. Erw. € 4, Kinder (10-17 J.) mit Seilbahn € 2,50, Kinder unter 10 J. freier Eintritt.*

Halbinseln Saint-Mandrier und du Cap Sicié

Südwestlich von Toulon liegen rund um die pittoreske **Presqu'île du Cap Sicié** in reizvoller Küstenlandschaft zahlreiche Strände, viele gepflegt und gut ausgerüstet, um die Blaue Flagge hissen zu dürfen. Südlich von Toulon, der erwähnten Halbinsel vorgelagert, ragt eine zweite, die kleine **Presqu'île de Saint-Mandrier** ins Meer. In Saint-Mandrier-sur-Mer weht die Flagge am Strand La Coudoulière (Kies) sowie an den feinsandigen Buchten La Vieille, Sainte-Asile (Tauchen, behindertengerecht), Touring Club (beh.) und Canon.

Der grüne Spiel- und Sportpark

Nur wenige Gehminuten sind es vom Hafen La Coudoulière zum ***Parc de la Méditerranée.*** *Im grünen Park gibt es einen großen Kinderspielplatz mit Trampolin, Mini-Karts und Trampo-Bungee, eine Sportstrecke mit Boule, Hürden und Balken, einen Enten- und Goldfischteich sowie einen interessanten botanischen Parcours mit exotischen Pflanzen. Insgesamt Erholung pur im Schatten.*

Tgl. 8-18, Juni-Aug bis 22 Uhr. Freier Eintritt.

Kajaktouren mit der Familie sorgen für sportlichen Ausgleich im Urlaub

Im seit 1928 bestehenden Urlaubsort Six-Fours-les-Plages ist der 1,5 Kilometer breite, im Wind liegende Kiesstrand Bonnegrace (Wellenreiten, Windsurfen, beh.) im Norden des Westufers mit seiner eleganten Promenade ein Musterbeispiel an Strandvergnügen. Der blauen Auszeichnung würdig sind die Messstellen Le Manuella und Poste de Secours. Die Westküste südwärts folgen Les Roches Brunes (Sand und Kies, beh.), La Coudoulière (Sand, beh.), Le Rayolet (Sand, beh.) sowie gegenüber den Îles des Embiez die Plage du Cros (Sand, beh.) und Les Charmettes (klein, Kies, beh., Windsurfen).
Soll es zwischendurch statt blau einmal grün sein, empfiehlt sich der Parc de la Méditerranée (siehe Kasten).

Anfahrt: *Saint-Mandrier-sur-Mer liegt gegenüber von Toulon, Six-Fours-les-Plages liegt zwischen Toulon und Bandol, über die D 559 erreichbar.*

Bendor

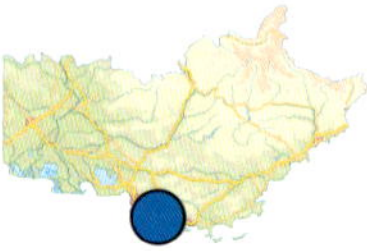

Der schöne Badeort Bandol liegt zwischen Toulon und La Ciotat. Von hier aus schippert die Fähre in sieben Minuten rüber zur autofreien Insel **Bendor.** Gleich hinter dem Landungssteg liegt der dreiteilige feinsandige Strand, flach abfallend und windgeschützt. Wer die Insel zu Fuß umrundet, der findet auf der Rückseite zwischen der Felsenküste betonierte Flächen, die manche Gäste bevorzugen. Zwischen beiden Bademöglichkeiten liegt der Jardin de Neptune mit modernen Plastiken. Die wenigen Restaurants haben teils angezogene Preise: Pizza ab € 10, Pasta ab € 11, Kindermenü € 8, Mittagsmenü € 17. Hotelempfehlung auf S. 111.

Fähre Bandol–Bendor: *deutliche Hinweise zum Fährhafen, ab 7 Uhr stündlich oder alle 30 Minuten, Rückfahrt in der Nebensaison bis 19, in der Hochsaison bis 2.15 Uhr. Hin- und Rückfahrt im Sommer Erw. € 12, Kinder (2-12 J.) € 9, Fahrrad € 8.*

Bendors Strand ist zwar etwas kleiner, aber zum Entspannen reicht's

Cassis

Mitten in einer Welt der Felsenküsten, unterbrochen von den Calanques, tiefen Meeresbuchten, liegt das hübsche **Cassis**, das sich mit drei Stränden um die Flagge bemüht: die Plage de la Grande Mer gleich neben dem Hafen (Sand, Kies und Schotter, behindertengerecht), im Süden die Plage du Bestouan (Kies und Felsen, behindertenger.) und noch weiter südlich an einer tiefen Bucht die Calanque de Port-Miou (Kanu, Kajak, Segeln, Tauchen).

Anfahrt: *von Marseille auf der D 559 nach Südosten.*

Schwindelerregende Höhen

Wer das Fahrabenteuer liebt, ob per Auto oder Rad, wählt die ***Corniche des Crêtes*** *(s. 78) zwischen Cassis und La Ciotat. Es sind nur 15 Kilometer. Auf dem Grande Tête fällt das rote Felsmassiv 400 Meter senkrecht ins Meer. Bei starkem Wind ist die Strecke gesperrt. Vorsicht: Die Wege sind steinig und viele Abbruchkanten haben kein Geländer! An den Aussichtspunkten bewundern Kinder die wie von Riesen zu seltsamen Gebilden geformten Felsen, geschmückt mit Pinien und duftendem Rosmarin.*

Côte Bleue

An der Westküste von Marseille, in Estaque, zieht sich die **Côte Bleue**, die Blaue Küste, bis Sausset-les-Pins am Ufer entlang. Die Farbengewalt hat schon den provenzalischen Maler Cézanne (1830-1906) fasziniert: das blaue Meer, die grünen Pinienwälder auf den Hügeln, dazwischen bizarre weiße Kalkklippen. Später wird die Landschaft von Sümpfen, Kanälen und Salzseen zerrissen, der Beginn der Camargue (siehe S. 56). Diese Landschaften haben romantische Buchten, nur wenige Strände mit der Blauen Flagge: Sausset-les-Pins mit der tiefen Plage de la Corniche (Sand und Kies, sanft abfallend, Segeln, beh.), Port-de-Bouc mit der Plage de Bottaï (Sand und Kies, sanft abfallend, beh.) sowie Fos-sur-Mer mit der Grande Plage (feiner Sand, sanfter Einstieg, Segelzentrum, beh.).

Anfahrt über die Küstenstraße Côte Bleue Camargue: *von Marseille auf der D 568 nach 14 km abbiegen auf die D 5, die nach 14 km Sausset-les-Pins erreicht; über die D 5 weiter Richtung Norden, über ein Stück Autobahn und Schnellstraße nach Port-de-Bouc; auf der N 568 weiter zum benachbarten Fos-sur-Mer.*

Badesee Les Salettes

Ab Mormoiron sind nur noch die Hinweise „Plan d'eau" (Wasserfläche) zu finden. Ein blasser Begriff für diese Idylle mit Sandstrand und Blick zum Mont Ventoux. Am Rand ist das Ufer teils von Schilf, teils von Bäumen gesäumt, die auf dem großen Picknickplatz Schatten spenden. Im Juli/Aug Überwachung durch Rettungsschwimmer, flacher Einstieg, ideal für Kinder, Angeln mit Angelschein erlaubt. Wer Langeweile verspürt, findet nebenan den Hochseilgarten Ventoux Aventure, www.ventouxaventure.com.

Schwimmen macht hungrig

*Direkt neben dem Badesee steht die **Bar du Plan d´Eau,** Tel. 0479-63 30 31. Außer in den Ferien Di geschl., sonst durchgehend geöffnet, Pizza ab € 8, Kindermenü (unter 12 J.) € 8,90: Buletten oder Schinken oder Fisch mit Pommes frites und Eis, Tagesteller € 9-13.*

***Anfahrt:** ab Carpentras auf der D 942 bis Mormoiron, 12 km, von dort den Hinweisen „Plan d'eau" folgen.*

Lac de Saint-Cassien

Unendlich weit, eingebettet in bewaldete Berge, nahe der Dörfer Fayence und Callian (siehe S. 35) liegt der Stausee **Saint-Cassien.** 600 Hektar Wasserfläche sind wenig vorstellbar, deutlicher aber die Angaben sieben Kilometer lang, drei Kilometer breit. Dort, wo die Pont du Pré-Claou den See überspannt, tummeln sich Wassersportler aller Art: Kajak, Kanu, Segeln, Windsurfen, Tauchen, Pedalos sowie im Wasser wackelnde Hüpfburgen. Durch die geschützte Lage bringt es der See auf 30 Grad Wassertemperatur. Wer es ruhiger haben will, findet bei der Umrundung des Gewässers kleine Park- und Picknickplätze mit Wegen zu einsamen Buchten. Sollte es beim Schwimmen gelegentlich an den Fußsohlen kitzeln, könnte es ein Fischlein sein. Denn: Der Lac de Saint-Cassien ist ein wahres Karpfen-Mekka. Keiner will es glauben, aber die Fische sind wirklich sehr groß. Und werden nach der Messung wieder in ihr Element zurückgegeben.

Preisbeispiele, je 30 Min.: Pedalos (max. 5 Pers.) € 9, Kanu € 6-8, Stand-up-Paddling € 6, Trimaran (3 Rümpfe) € 12, Hüpfburgen € 11, Wasserski-Tour (10 Min.) € 10.
***Anfahrt:** südlich der D 562 Grasse–Draguignan, unterhalb vom Montauroux auf die D 37 abbiegen.*

Lac de Sainte-Croix

Wo die Départements Var und Alpes-de-Haute-Provence sich treffen, der reißende Bergbach Verdon (siehe S. 78 ff.) der abenteuerlichen Schlucht entflieht, hat sich der gestaute **Lac de Sainte-Croix** ausgebreitet. Das türkisblaue Wasserparadies (10 x 0,5-3 km) ist von April bis September das Dorado für Wassersportler, seien es Schwimmer oder Freizeitsportler, die Kajak, Kanu oder Boot mit dem Ruder bewegen, Segler, die den Wind der Berge nutzen, oder Urlauber, die gemütlich das Pedalo mit den Füßen treten. Manchmal hat man das Gefühl, das gegenüberliegende Ufer sei zu Fuß zu erreichen – einfach von einem Boot zum nächsten springen –, so dicht an dicht schippern die Wasservehikel den Verdon ein kleines Stückchen aufwärts. Zentrum der Aktivitäten ist die Pont du Galetas, die sich am Ausgang der Schlucht über das Wasser spannt. Wer lieber am Strand faulenzen möchte, muss wissen, dass die meisten Ufer recht steinig sind.
Die Nähe des Canyons reizt abenteuerlich veranlagte Familien, mit erhöhtem Tempo den Wildbach zu bezwingen. Rafting ist das Zauberwort, nach dem englischen Wort Raft für Floß, heute ersetzt durch ein Schlauchboot. Schwimmweste und Sturzhelm sind natürlich Pflicht, denn ganz ungefährlich ist das Erlebnis nicht. Aber die zugelassenen Anbieter verfügen über viel Erfahrung, wagen es sogar, das Baby-Raft für 6-Jährige anzubieten. Noch wilder, den Puls an der Natur, geht es beim Canyoning zu. Dabei wird die Verdonschlucht von oben nach unten bezwungen, sei es mit dem Seil, mit Klettern, einem Sprung vom Fels ins Wasser oder einem nassen Ritt auf dem Hosenboden. Bei diesem harten Sport müssen die jungen Abenteurer vorher Schwimmkenntnisse und Fitness nachweisen.

Preisbeispiele: Kajak (ab 12 J.) 2 Stunden € 38; Canyoning, Kinder (ab 6 J.) 1,5 Stunden € 30, Eltern € 35; Rafting (ab 6 J.) 1,5 Stunden Kinder € 30, Eltern € 35. Anbieter: Base Sport & Nature, Rue de la Fontaine 10, 04120 Castellane, Tel. 0493-05 41 18, www.basesportnature.com. Canyoning-Einführung 90 Min. € 35, Anbieter: Les Canyons du Verdon, 04120 La Palud, Tel. 0637-75 88 20, www.lescanyonsduverdon.com.
***Anfahrt:** Pont de Galetas südlich Moustiers-Sainte-Marie, nördlich Aiguines, jeweils über die D 957.*

Wassersportbegeisterte zieht es zum Stausee Lac de Sainte-Croix

Lacs des Ferréols

Am Rand von Digne-les-Bains kommt bei Wasserratten Freude auf. Die Seen von Ferréols, auf den Wegweisern steht nur „Plan d'eau" (Wasserfläche), bestehen aus drei Pools: für Schwimmer mit 2,5 Meter Tiefe, für Kinder mit 80 Zentimeter Tiefe und ein See speziell für Wasserfahrzeuge. Rundum gibt es viel Grün und Schatten, reichlich Platz für Picknick, Minigolf, eine Kletterwand, Boule, Beachvolleyball und andere Spiele. Auch ein Restaurant ist vorhanden. In der Saison Rettungswache von 11 bis 19 Uhr.

Die Seen von Ferréols sind perfekt für einen langen Badetag

April/Mai/Sep Sa/So, Juni-Aug tgl. 11-19 Uhr. Eintritt frei. Pedalo 3 Pers. € 10/45 Min., bis 5 Pers. € 15/45 Min., Trampolin und Hüpfburg € 2/15 Min., Minigolf pro Pers. ab € 3, www. basedeloisirs-revel.com.

***Anfahrt:** vom Zentrum Digne Richtung Nizza, am 2. Kreisel Abfahrt mit Hinweis „Plan d'eau".*

Baden im Verdonfluss

Etwa zehn Kilometer hinter **La Palud** (siehe S. 79) kommt hinter einer Kurve auf der rechten Seite die steinerne Pont de Carajuan, eine Fußgängerbrücke, die zum Badeplatz „Les Salons" führt. Auch wer nicht schwimmen will, erfreut sich an der romantischen Flusslandschaft mit Picknickplatz. Hier macht der oberhalb vom Castellane entspringende Verdon einen weit schweifenden Haken und bildet wunderbare Kies- und Sandstrände. Eine Tafel verkündet: „Baden und Wassersport verboten, Wasserverschmutzung." Darum kümmert sich niemand, die Einheimischen sagen, es sei nur eine Vorsichtsmaßname, weil bei Regen der Untergrund gelegentlich aufgewirbelt und das Wasser bräunlich wird. Den Fischen jedenfalls scheint es hier zu gefallen, Angler und Reiher schätzen die Vielfalt: Forellen, Barben und Barsche sind zu finden, am Ufer tummeln sich Eidechsen, Kröten und Wasseramseln.

***Anfahrt:** nördlich der Verdonschlucht an der D 952, zwischen La Palud und der Pont de Soleils.*

ZEHN TOUREN, DIE ALLEN SPASS MACHEN

Tour 1 – Die Dörfer des Var

Draguignan • Villecroze • Tourtour • Châteaudouble • Bargemon • Seillans • Fayence • Callian

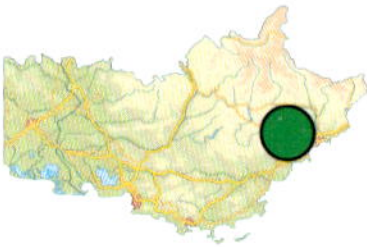

Wo: nördlich von Draguignan – Wie: mit dem Auto – Dauer: je nach Domizil Tagestour – Nicht vergessen: Sonnenschutz, Badesachen, Kamera, Picknick

Von Draguignan, dem Hauptort des grünen Distrikts Haut-Var, geht es nordwärts in die Hügelwelt, wo sich die schönsten Dörfer des Départements aneinanderreihen. Burgen und ummauerte, romantische Städtchen bestimmen die Tour, jeder Ort ist auch ohne spektakuläre Sehenswürdigkeiten ein Kleinod zum Bummeln und Schauen. Eine Bereicherung sind die vielen Wälder, welche die Straßen säumen, die Lücken werden vorwiegend mit Weinfeldern gefullt, zahlreiche Domänen werben an der Strecke mit ihren Produkten.

Von tragischer Liebe und einem 2.500 Jahre alten Grab

Zentrum des Handels und damit für Shopping, Mittelpunkt auch des touristischen Gebiets Dracénie mit 16 Orten, ist die Stadt **Draguignan** [Office de Tourisme, Avenue Carnot 2, 83300 Draguignan, Tel. 0498-10 51 05, www.ville-draguignan.fr, für das gesamte Gebiet www.tourisme-dracenie.com, ca. 12 km von Châteaudouble]. Touristisch gesehen ist der Ort weniger anziehend, es sei denn man ist an Kunst interessiert, dann auf in das **Musée d'Art et d'Histoire** [Rue de la République 9. Di-Sa 9-12 u. 14-18 Uhr. Eintritt frei]. Die Überraschung in einem der ältesten Museen Frankreichs sind Werke von Rubens, Renoir und Pannini sowie Skulpturen der Bildhauerin Camille Claudel, die an ihrer Liebe zu dem berühmten Auguste Rodin zerbrach und bald vergessen war. Wer jedoch den Weg nach Draguignan einschlägt – im 5. Jh. soll der Missionar Hermentaire den die Stadt terrorisierenden Drachen (dragon) getötet haben –, sucht vor allem den Dolmen **Pierre de la Fée** [Avenue de Montferrat, nahe der D 955, von Norden kommend nach dem Kreisel ca. 700 m rechts, Schild oft zerstört, freier Zutritt neben einem Bauernhaus]. Warum Feen-Dolmen? Eine liebe Zauberin hat einem fliehenden, in Sturm und Regen geratenen Liebespaar diesen Unterschlupf hingehext. Die Tatsachen: erbaut in der Jungsteinzeit vor 4.500 Jahren, eventuell als Grabstätte. Gefunden wurden Knochen mehrerer Personen, Gegenstände aus Feuerstein und Schmuck aus Knochen und Stein. Die Deckplatte wiegt 25 Tonnen, die drei Stützsteine sind 2,2 Meter hoch, wahrscheinlich war dem Dolmen (bretonisch „Steintisch“) einst eine Wohnstätte angegliedert.

Der Charme der kleinen Bergstädtchen

Die kleinen Bergstädtchen entlang der Route laden zum Bummel durch Tore und enge Gassen ein, sie liegen auf Hügeln, zur Krönung eine Burg oder Kirche. Und sie reizen mit ihren kleinen Besonderheiten, alten Türen und alten Fenstern, Bogengängen, Arkaden und historischen Brunnen, besondere Schnappschüsse zu machen. Die Überraschung für Eltern und Großeltern: Die Kinder haben ein Gespür für Kleinigkeiten, brauchen keine historisch beladenen Sehenswürdigkeiten.

Tropfsteingrotten und Höhlenmenschenhäuser

Nicht nur Gassen und Mauern, sondern auch einen großen Park mit Kinderspielplätzen, Troglodyten-Maisonettes und Tropfsteingrotten versprechen einen abwechslungsreichen Stopp in **Villecroze** [Office du Tourisme, Place de la Souvenance s/n, 83690 Villecroze, Tel. 0494-70 63 06, www.villecroze-tourisme.com, ca. 15 km von Lorgues]. Die Straße von Süden führt direkt durch den Ort, was zuerst einmal zu einem Bummel durch die Arkaden, Alleen und Gassen verführt. Doch bald hat der Park Priorität und vor allem die **Grottes de Villecroze** [am Ortsausgang Richtung Aups rechts, Ab Mitte Mai tgl. 15-18, Juni 10.30-12 u. 15-18, Juli-Aug tgl. 10.30-13 u. 14-18 Uhr, Sep. Mi-So 10-12 u. 15-17 Okt. Mi/Sa/So 14-17 Uhr. Erw. € 3, Kinder (7-17 J.) € 1]. Der Park ist im Sommer von 8.30-20.30, im Winter von 9-17 Uhr geöffnet. Möglich, dass sich hier die unterschiedlichen Interessen zeigen, dass die Kinder die für Minis und Größere getrennten Spielplätze bevorzugen. Andere werden von den in den Tufffels geschlagenen Troglodytenhäusern angezogen (Troglodyten sind Höhlenbewohner), die mit ihren zweiflügeligen Fenstern sehr wohnlich wirken. Hinter den von Menschenhand gebauten Höhlen gelangt man durch niedrige Bögen in die natürlichen, 700.000 Jahre alten Grotten mit wunderbar geformten Stalaktiten. Wenn das Licht gedimmt wird, kommt eine eigentümliche Stimmung auf – Gänsehaut.

Der Dolmen Pierre de la Fée: Magischer Name, doch was stimmt wirklich?

Fossilienmuseum und Kanalwanderung

Nur einen Katzensprung nach Norden ist es zu dem um eine mittelalterliche Burg herum gebauten **Tourtour** [Office de Tourisme, Château Communal, 83690 Tourtour, Tel. 0494-70 59 47, www.tourtour.org], das sich selbst als „Village dans le Ciel de Provence“ (Dorf im Himmel der Provence) bezeichnet. Die Ortsdurchfahrt ist einspurig, also Ampel vor den Toren. Die Place de Village wird umringt von Bars und Restaurants, alle im Schatten. Die Preise sind gehoben

Mit den Felsen verschmolzen: Châteaudouble

(Kugel Eis € 2,20), sparsame Familien finden aber einen Brunnen mit gutem Trinkwasser und auf dem Weg zur Kirche einen Picknickplatz. Sparen kann man auch beim Besuch des abwechslungsreichen **Fossilien-Museum** [Rue des Moulins s/n. Mitte Juni-Mitte Sep Mi-Mo 11-12.30 u. 15.30-19 Uhr, sonst Sa/So oder nach Vereinbarung], der Eintritt ist frei. Fossilienfreunde werden staunen: neben zahlreichen Ammoniten, Belemniten und Brachiopoden sind Haifischzähne, versteinertes Holz, Pflanzen sowie Blumen zu finden und sogar Dinosauriereier.

Auf einer Strecke von kaum zehn Kilometern reihen sich Steineichenwälder, Getreidefelder und Olivenhaine aneinander. Und überall stehen Bienenkästen, die auf die blühende Imkerei der Gegend hinweisen. Honig und Honigprodukte gibt es auch im aus 600 Meter herabblickenden Örtchen **Ampus** [Point Info Tourisme, Grand Rue s/n, 83111 Ampus, Tel. 0494-76 72 66. Nur Juli/Aug]. Wanderer bevorzugen diese Gegend, ein Highlight ist der Canal de Fontigon, 7,2 Kilometer lang, mehr als 500 Jahre alt. Er wurde gebaut, um Getreide- und Olivenmühlen anzutreiben und 27 Waschplätze (einige sind gut erhalten), Felder und Gärten mit Wasser zu versorgen.

Nach weiteren zehn Kilometern lockt das wie ein Adlerhorst im Felsen hockende **Châteaudouble** [Point Info Tourisme, Grand Place s/n, 83300 Châteaudouble, Tel. 0494-67 97 84, www.chateaudouble.fr. Büro nur Juli/Aug]. Der Ort ist berühmt für seine wundervollen Ausblicke in die Schluchten. Leicht erreichbar sind die restaurierten Schloss-

Wo Autos scheitern: klettern und reiten

*Mit **Philippe Bugada** können Kletterer fast jeden Alters Gorges de la Nartuby bezwingen. Der Tourenbegleiter ins Kletterparadies Marinouns ist erreichbar über Tel. 0610-49 51 92, www.lacorditelle.com. Die wilde Natur, Wälder und Berge rund um Châteaudouble können auf dem Rücken der Suleiman-Pferde erkundet werden: **Les Chevaux de Suleiman,** Tel. 0494-85 61 06, www.les-chevaux-de-suleiman.com.*

ruinen mit der Superaussicht. Oder über dem Ort das Plateau Sainte-Anne, wo im Sommer der Künstler Za seine fantasievollen, teils verrückten Metall-Plastiken auf der Ebene verteilt. Die berühmten Gorges de Châteaudouble, eine unübertroffene Schluchtenlandschaft, könnten lange Zeit wegen Steinschlags geschlossen sein. In diesem Fall muss das nächste Ziel, Bargemon, auf Umwegen erreicht werden (über Ampus oder Figanières). Kletterer und Reiter hingegen haben fast unbeschränkte Möglichkeiten, Landschaft und Schluchten zu genießen (siehe Kasten oben).

Alte Brunnen und Edelsteine

Inmitten einer abwechslungsreichen Berg-und-Tal-Landschaft, gern als „Perle du Haut-Var" bezeichnet, liegt der lebhafte Ort **Bargemon** [Point Info Tourisme, Avenue Pasteur s/n, 83830 Bargemon, Tel. 0494-47 81 73, www.ot-bargemon.fr]. Ein Spaziergang durch die Gassen auf der Suche nach den Brunnen und Waschplätzen macht Spaß. Es geht an Wehrmauern und Toren aus dem 12. und 16. Jahrhundert vorbei, sogar die Kirche Saint-Etienne mit ihrem Glockenturm ist Teil der Wehrmauer. Wer an Mineralien und Fossilien interessiert ist, besuche bei freiem Eintritt das **Musée des Fossiles et Minéraux** [Rue de la Risistance 8, Tel. 0494-67 61 44, Mi-So Okt-Mai 14-17, Sep 15-19 sowie Do 10-12 Uhr]. Fast alles, was es an Edelsteinen gibt, ist hier zu finden. Wer erkennt Amethyst (violett/rosarot), Smaragd (grün) und Granat (alle Farben außer blau)? Unter der großen Auswahl ist ein Dinosaurierabdruck aus dem nahen Plateau de Canjuers die Sensation. Auch zur Erholung bietet Bargemon einiges (s. Kasten unten).

Pizza und Erfrischung

*Gegenüber dem Brunnen an der Place Philippe Chauvier, einer wahren Verkehrsbehinderung, liegt das **L'Estanco** (Nr. 8, Tel. 0494-76 77 17, Di und So abends, sowie Mi geschl.). Pizza ab € 8, Tagesmenü für € 22. Lieber ein Picknickareal mit Kinderspielplatz? Das liegt drei Kilometer von Bargemon entfernt an der D 19 Richtung Montferrat. Oder Schwimmen in der **Piscine Kiki Caron,** an der D 55, Route de Claviers (Tel. 0494-76 79 25, Erw. € 2,85, Kinder (5-16 J.) € 1,45).*

Bargème, der höchste Ort im Var

20 Kilometer nördlich von Bargemon (D 25, D 37) liegt das schöne Dörfchen ***Bargème*** *auf einer Bergkuppe (1.097 m). Das Ortsbild wird beherrscht von der Ruine der Burg Pontevès. Ein Bummel durch die Gassen und Torbögen macht Freude, Fotografen finden zahlreiche romantische Motive, z. B. den Waschplatz mit gutem Trinkwasser. Zur Einkehr empfiehlt sich* ***Le Goustadou,*** *Montée de l´Église, Tel. 0622-75 79 22, Mittagssnack € 7,50.*

Von Max Ernst bis Lady Di

Nur 13 Kilometer östlich grüßt schon wieder eine Mittelalter-Schönheit mit steilen Gassen und Kopfsteinpflaster, **Seillans** [Tourist Office, Maison Waldberg, Place du Thouron s/n, 83440 Seillans, Tel. 0494-76 85 91, www.seillans.fr. Führungen Di 10 u. 11.15, Juli/Aug auch 16 u. 17.15 Uhr]. Geparkt wird im unteren Teil des Orts, dann beginnt die Motivsuche für Hobbyfotografen. Rechts um das Zentrum geht es aufwärts zur stolzen Porte Sarrasine (16.Jh.), zusammen mit der Fontaine d'Amont (auch d'Amour) ein gelungenes Ensemble. Mehrere Wege führen dann zur Place du Thouron mit dem Touristenamt und einem Café im Schatten. Das Informationsamt birgt eine Überraschung, nämlich die **Kollektion Max Ernst** [Maison Waldberg, 1. Stock. Mo-Sa 14.30-17.30, € 2 (ab 14 J.), 15. Juni-9. Sep tgl. bis 18.30 Uhr, € 3 ab 18 J.]. Der Maler, Grafiker und Bildhauer (1891-1976) verbrachte die letzten zwölf Jahre zusammen mit der amerikanischen Malerin Dorothea Tanning in Seillans. Im Museum sind 70 Lithografien beider Künstler zu sehen, außerdem ein sensationelles Bett, von Ernst konstruiert. Seine plastische Arbeit „Le Génie de la Bastille“ steht an der Place de la République, dort wo sich

Wenn der Magen knurrt

Eine Spezialität in Seillans ist die ***Tourte de blettes.*** *Die Pastete mit Mangold, ähnlich einer Quiche, wird in Stücken verkauft.*
Die preiswertesten Restaurants in der Gegend sind:
In Callian ***Le Bellevue,*** *Place Honoré Bourguignon 1, Tel. 0494-50 84 76. Kindermenü ab € 7,50. Tgl. mittags und abends.*
In Fayence ***L'Entracte,*** *Place Léon Roux 3, Tel. 0494-84 73 37, Menü ab € 10, Pizza, Crêpes, Salate. In der Hauptsaison tgl. geöffnet, in der Nachsaison nur mittags und Fr Ruhetag.* ***Salad'In,*** *Boulevard de l'Annonciade 2, Tel. 0632-30 72 98. Gerichte ab € 8. Nur mittags geöffnet, Mi Ruhetag*
Sehr zu empfehlende Eisspezialitäten und eine Auswahl an Kleinigkeiten zu Essen gibt es rund um die Uhr in Fayence bei ***Snack Glacier Le Kiosk,*** *Rue St.-Pierre s/n. tgl. von April-Okt.*

die Boulespieler des Orts treffen. Auch Prinzessin Di und Fergie genossen von hier aus im Juli 1996 den Blick über die Landschaft.

Brotmuseum statt Porzellan

Die meisten der zuletzt genannten Dörfer gehören zu den Pays de Fayence, ihr Hauptort ist das bildschöne **Fayence** [Office de Tourisme, Place Léon Roux s/n, 83440 Fayence, Tel. 0494-76 20 08, www.ville-fayence.fr. Stadtführungen Mitte Juni-Mitte Sep Di 10.30 Uhr]. Mit dem feinen Porzellan hat der Name übrigens nichts zu tun. Er stammt entweder vom keltischen „fayard", der damals häufigen Buche, oder vom lateinischen „faventia locus" für „angenehmer Ort", denn Fayence war Sommersitz der reichen Römer. Beim Rundgang kommt man vorbei an Barocktüren, Stadttoren, Waschplätzen und dem auf einem Torbogen von Napoleon erbauten Bürgermeisteramt. Eine ausführliche Rundtour-Broschüre „Au fil des Ruelles" gibt es beim Touristenamt (auch deutsch). Recht abwechslungsreich für alle Jahrgänge ist ein Besuch im Brotmuseum, dem **Musée du Four du Mitan** [Ecke Rue du Four du Mitan/Rue du Mitan. Tgl. 10.30-19 Uhr. Eintritt frei]. Die Bürger der Stadt haben eine alte Bäckerei von 1522 restauriert. Hoch her geht es beim Brotfest, der Fête du Pain, mit altem Handwerk und alten Spielen.

Verrückte Kunsttour

Noch einmal sechs Kilometer nach Osten, dann steht ein stolzes Schloss auf dem Hügel, kreisförmig umringt von den Straßen des Städtchens **Callian** [Office de Tourisme, Château Goerg, 83440 Callian, Tel. 0494-47 75 77, www.tourisme-callian.fr]. Der belgische Künstler Henry Brifaut (1905-1995), Autodidakt, entdeckte den malerischen Ort und die Ruine der Burg in den 1960er-Jahren. Elf Jahre lang restaurierte er das Schloss aus dem 15. Jahrhundert und schmückte den Ort mit seinen skurrilen Figuren, mit Gnomen, lustigen Tierköpfen und anderen originellen Kunstwerken. Es ist ein Spaß für die ganze Familie, sich nach einem Stadtplan „Œuvres d'Henry Brifaut dans Callian" (beim Fremdenverkehrsamt) spiralförmig zur Burg hochzuarbeiten, die Kunstwerke zu suchen und dabei das Städtchen kennenzulernen. Die Suche beginnt an der Place de la Mairie und endet am mit Kunst verzierten Schloss.

Wer in Callian die Festung besucht, kommt an dieser Tür vorbei

Erholung gibt es etwa acht Kilometer südöstlich von Callian am **Lac de Saint-Cassien.** In diesem Wasserparadies können alle Arten von Wassersport ausgeübt werden (siehe S. 26).

Tour 2 – Der schwarzen Berge und ihre Dörfer

Grimaud • La Garde-Freinet • Le Cannet des Maures • Abbaye du Thoronet • Le Luc Gonfaron mit dem Village des Tortues • Collobrières • Bormes-les-Mimosas • Hyères

Wo: nördlich der Côte d'Azur zwischen Fréjus und Hyères – Wie: mit dem Auto (ca. 150 km), kurze Wanderungen – Dauer: Tagesausflug, je nach Ort der Unterkunft auf zwei Tage verteilen – Nicht vergessen: Sonnenschutz, Kamera, Picknick, Badesachen

Die Altstadt des am Meer gelegenen Hyères ist bis heute gut erhalten

Das Massif des Maures zieht sich nördlich der Strecke Hyères–Frejus über 60 Kilometer von West nach Ost. Stille, historisch bedeutende Dörfer schmiegen sich an seine bewaldeten Hänge. Nachdem die 30 Kilometer Breite überwunden sind, ist die edle Architektur der Abtei Thoronet das Ziel des Ausflugs. Auf dem Rückweg jubeln vor allem die Jüngeren im Schildkrötendorf bei Gonfaron, lassen sich in Collobrières süße Maronen schmecken und Blumenfreunde schwelgen bei Bormes im Mimosenmeer. Ende der Tour ist Hyères, eines der schönsten Städtchen der Provence.

Blick auf Gneis und Schiefer

Wir starten zwischen Le Lavandou und Cavalaire-sur-Mer gen Norden, lassen uns von dem botanischen Paradies der Domaine du Rayol nicht verführen, diese Attraktion (siehe S. 88) ist einen extra Ausflug wert. Über die D 98 bei Cogolin auf die D 558 abzweigen, dann sind bald auf einem Hügel zwei mächtige Türme und die sieben Meter hohe Ringmauer (11. Jh.) zu sehen, sie gehören zur Burg von **Grimaud** [Office de Tourisme, Route Nationale 679, 83310 Grimaud, Tel. 0494-55 43 83, www.grimaud-provence.com]. Von der Burgruine aus ist der Charakter des schwarzen Bergmassivs deutlich zu erkennen. Es besteht nicht aus Kalk wie sonst an der Côte d'Azur verbreitet, sondern aus Gneis und Schiefer, dem Urgestein. Verstärkt wird der dunkle Eindruck durch die Haine aus Pinien, Korkeichen und Kastanien. In einer alten Ölmühle und einer früheren Korkfabrik begegnet den Besuchern die vergangene Zeit im mit volkskundlichen Sammlungen bestückten **Musée des Arts et Traditions populaires** [D 558/Ecke Montée de l'Hospice s/n. Mai-Sep Mo-Sa 14.30-18, Okt-April 14-17.30 Uhr, Juli/Aug Mo geschl. Eintritt frei]. Ansonsten macht es Freude, durch die mittelalterlichen Gassen zu schlendern, beispielsweise durch die Rue des Templiers (Straße der Tempelritter) mit ihrem Arkadenhaus aus dem 15. Jahrhundert.

Bistro und Eisdiele

Prima Eis, aber auch Sandwiches und Crêpes gibt es bei ***Les Trois Pingouins,*** *Rue des Artisans 14, Port Grimaud, Tel. 0494-56 05 18 (April-Sep tgl.). Preiswerte Menüs bietet das sympathische Bistro* ***Café de France,*** *Place Neuve 5, Grimaud, Tel. 0494-43 20 05 (März-Okt tgl.). Das beste Eis und eine große Auswahl erfreut Kinder- und Erwachsenenherzen im* ***Café de la Plage,*** *Place des Six Canons 3, Port Grimaud, Tel. 0494-43 47 82.*

Mitten in das Herz des Var

Über zahlreiche Serpentinen geht es dann mitten in das Herz der Maures-Berge, vorbei an Korkeichenwäldern, deren dicke Rinde zum Teil wieder geerntet wird, sodass die Stämme blutrot aus dem Dunkel leuchten. Auf der Passhöhe liegt ein Zentrum der Kastanienzucht (châtaigne), das beschauliche Dörfchen **La Garde-Freinet** [La Maison de Tourisme, Chapelle Saint-Jean, Place de la Mairie s/n, 83580 Gassin, Tel. 0494-55 22 00, www.lagardefreinet-tourisme.com].

Wenn zu Herbstanfang die stacheligen Kastanienfrüchte vom Baum fallen und die Maronen (marron) aus der Schale purzeln, ist Zurückhaltung gefragt, denn Kastaniensammeln gilt als Diebstahl.

Was am Straßenrand silbern schimmert, darf hingegen aufgelesen werden, es sind Bruchstücke vom Glimmerschiefer, Maures-Mineralien.

Unten in der Ebene, der Plaine des Maures, ist der Boden rot, reich an Bauxit, dem Grundmineral für Aluminium (siehe S. 44). Mittendrin liegt auf einem Hügel die unter Denkmalschutz stehende Altstadt von **Le Cannet-des-Maures** [Maison du Tourisme, Avenue du 8 Mai 1945 Nr. 59, 83340 Le Cannet, Tel. 0494-50 10 09, www.lecannetdesmaures.com].

Die meisten Besucher kommen hierher, um sich mit der Orientierungstafel die wichtigsten Punkte des „Cœur du Var" (Herz des Var) einzuprägen. Doch das nächste Ziel, die nordwestlich liegende Abtei von Thoronet, versteckt sich hinter den Bäumen des Forêt de la Darboussière. Infos über Ziel und Umgebung gibt es, 4,5 Kilometer vor der Abtei, in **Thoronet** [Tourismusbüro, Place des 3 Ormeaux 10, 83440 Le Thoronet, Tel. 0494-60 10 94].

Die schlichten Zisterzienser

Ein kostenloser, schattiger Parkplatz steht vor der Klosteranlage, ein Kiosk mit

Getränken, kleinen Speisen und Eis lädt zum Stopp ein. Doch dann geht es über die Straße und nach kurzem Fußmarsch in das Zisterzienser-Kloster, in die **Abbaye du Thoronet** [April-Sep Mo-Sa 10-18.30, So 10-12 u. 14-18.30, Okt-März tgl. 10-13 u. 14-17 Uhr. Erw. € 7,50, für EU-Bürger unter 26 J. frei]. Die große Abtei reizt auch die jüngeren Besucher, auf Entdeckungsreise zu gehen. Gleich fällt die schlichte Bauweise auf, selbst in der Kirche fehlt jeder bauplastische Schmuck. Eine Überraschung ist die sehr gute Akustik, abgestimmt auf die Zisterzienser, die beim Singen ihre Stimme zurückhalten mussten. Wer selbst Gold in der Kehle hat, kann den Klang ruhig einmal ausprobieren.
Vor dem Eingang zum Refektorium (Speisesaal) steht ein Waschbrunnen (lavabo) in einem sechseckigen Pavillon mit Kuppel. Das Wasser aus einer nahen Quelle benutzten die Mönche zum Rasieren, Tonsur pflegen und für die Wäsche. Heute werfen Besucher Münzen in das Becken, um ein Quäntchen Glück zu provozieren. Im Untergeschoss wird die gigantische „Vorratskammer" bewundert. Hier wurde gekeltert und Olivenöl gepresst. Eine mächtige Ölpresse steht gegenüber Weinbottichen aus dem 18. Jahrhundert. Rätsel geben die Öffnungen im Tonnengewölbe auf. Wozu dienten sie? Kurze Überlegung: Es waren Belüftungskamine, damit die Alkoholdämpfe abziehen konnten.
Im ersten Stock befand sich das Dormitorium, der Schlafsaal. Unter jeder Fensteröffnung schlief ein Zisterzienser, Steinplatten zeigen den spärlichen Platz an. Hinter einer Tür befanden sich die Latrinen – direkt über dem Bach. Erholung vom enthaltsamen Leben bot der Garten, das Parlarium. Nur hier durften die Mönche miteinander sprechen. Auch nach dem Tod galt das strenge Armutsgebot, kein Grabstein erinnert an die gläubigen Brüder.

Die Zisterzienser-Abtei mit schlichtem Kreuzgang

Die Mitarbeiter des Schildkrötendorfs päppeln die Tiere wieder auf

Briefmarken und Historisches

An der früheren Via Aurelia südlich der Thoronet-Abtei liegt **Le Luc** [Office de Tourisme, Château des Vintimille, 83340 Le Luc, Tel. 0494-60 74 51, www.mairie-leluc.com]. Interessant ist der Ort für Hobby-Archäologen und Briefmarkensammler. Zahlreiche Fossilien, darunter ein Dinosaurierei und eine versteinerte Schildkröte befinden sich im **Musée historique Centre-Var** [Rue Victor Hugo 24. Juni-Mitte Okt Mo-Sa 15-18 Uhr, sonst beim Office de Tourisme um Einlass bitten. Eintritt frei]. Außerdem sind Sarkophage, traditionelle Kostüme und Bauxitminen zu entdecken. Philatelistische Raritäten gibt es im Briefmarkenmuseum **Musée du Timbre** [Château des Vintimille. Mi/Do 14.30-17.30, Fr-So 10-12 u. 14.30-17.30 Uhr. Erw. € 2, EU-Bürger unter 26 J. frei].

Maronen-Eis und Mimosen

Weiter geht die Fahrt gen Süden bis nach **Gonfaron**, bekannt durch die Legende vom fliegenden Esel: Ein Nörgler des Orts weigerte sich, bei der Prozession zu Ehren des Schutzpatrons Saint Quinis vor seinem Haus die Straße zu kehren. Wenn es dem Heiligen nicht gefalle, solle er doch über den Dreck springen. Kurze Zeit später wurde der Verweigerer von seinem Esel mit kräftigem Sprung abgeworfen, Saint Quinis hatte sich gerächt. In der Nachbarschaft des Orts wird es für Jung und Alt höchst interessant: **Village des Tortues**, dem Schildkrötendorf (siehe S. 88) [östlich von Gonfaron, gut ausgeschildert, das ganze Jahr geöffnet]. Hier werden verletzte Tiere gepflegt und Kinder dürfen sich an kniffligen Fragen messen.

Pony reiten, Gänse suchen

Sollten die jüngeren Familienmitglieder keine Lust mehr auf Pflastertreten haben, bietet sich im Süden von Hyères der Ville fleurie, der blühenden Stadt für Erholung und Spiel, der ***Jardin Olbius Riquier*** *an (über die Avenue Léopold Ritondale, D 98, nach Süden in die Avenue Ambroise Thomas, dann Avenue Olbius Riquier s/n. April-Sep 7.30-20, sonst 17.30/18 Uhr. Eintritt frei). In dem Park können sich die Kinder auf Spielplätzen austoben, Pony reiten oder mit dem kleinen Zug chauffieren lassen, die Älteren im Schatten spazieren gehen, gemeinsam exotische Pflanzen studieren, auf dem See nach den Höckergänsen suchen, im Zoo nach einem Lieblingstier Ausschau halten.*

Hyères, meine heimliche Liebe

*Wer in **Hyères** die Porte Massillon durchschreitet, kann sich auf Schneckentempo einstellen. Ist dann auch noch Samstag, beherrscht der Wochenmarkt die Szene total. Vor dem Besuch der lebhaften Altstadt sollte man sich in der Nähe des Massillon-Tores mit Informationsmaterial und Stadtplan versorgen, eine reiche Auswahl gibt es im Office de Tourisme (Rotonde du, Park Hôtel, 83400 Hyères, Tel. 0494-01 84 50, www.hyeres-tourisme.com). Dann im Schlendergang die lebhafte Rue Massillon aufwärts, rechts Stopp beim Obst- und Gemüsehändler, links beim Orientalen mit allen eingelegten Köstlichkeiten, sauer und scharf, nebenan der Chinese mit verlockenden, fremden Genüssen, große Augen im Eissalon Chez Coquillat, 38 Sorten „Glaces artisanales", köstliches Speiseeis (siehe Kasten rechts). Bei Grenadine mit allen Arten von Geschenken, von Seife aus Marseille bis T-Shirts und Keramik, bleiben die Shoppingsüchtigen schließlich hängen. Wer nicht mehr mitmachen will beim Kaufrausch, verabredet sich am Ende der Gasse auf der Place Massillon, eingerahmt von Bars, Kneipen, Restaurants, Tee-Salons und Cafés.*

Eine der schönsten Strecken, die man sich mit Mountainbikern teilen muss, führt auf und ab und mit reichlich Kurven durch das **Vallon des Vaudrèches.** Wo die Kastanienwälder dichter werden, huschen Eichelhäher mit lautem Rätschen über die Straße. Erkennbar ist der Vogel an der seitlichen blau-schwarzen Bänderung und dem weißen Bürzel. Kaum ist der Schrei verklungen, ist das ruhige **Collobrières** erreicht [Office du Tourisme, Boulevard Charles Caminat s/n, 83610 Collobrières, Tel. 0494-48 08 00, www.collobrieres-tourisme.com]. Das Dörfchen ist Kastanienzentrum, was vor allem an den letzten drei Oktoberwochenenden deftig gefeiert wird (Fête de la Châtaigne). Doch das ganze Jahr über gibt es Leckereien aus der Kastanienfrucht, Marrons glacés (glasierte Kastanien) beispielsweise.

Empfindsame Mimosen

Die Kurventour geht weiter (D 41), an ihrem Ende liegt dann der Ausgangspunkt der Mimosenstraße, **Bormes-les-Mimosas** [Office Municipal de Tourisme, Place Gambetta 1, 83230 Bormes-les-Mimosas, Tel. 0494-01 38 38, www.bormeslesmimosas.com]. Gerade empfindliche Menschen werden gern als Mimosen bezeichnet. Und warum? Weil sich Mimosenblüten bei Berührung sofort zusammenziehen, aber auch bei Hitze oder Kälte. Das gelb blühende Akaziengewächs zeigt seine Schönheit von Januar bis Mitte März und kann auf der 130 Kilometer langen Mimosenstraße entlang der Côte d'Azur von Bormes bis nach Grasse bewundert und fotografiert werden. Ein Tipp für jene, die sich weniger für Botanik, eher für das Naschen

Tipps für den Altstadtbummel

Die Verführung der Rue Massillon fängt gleich in Nr. 6 mit ***Chez Coquillat*** *an (tgl. 9-19 Uhr, Eis und Sorbets, Sandwiches, Crêpe, usw.) In Nr. 17, bei* ***Thanh-Loi-Thuan-Than*** *gibt es chinesische und vietnamesische Spezialitäten zum Mitnehmen (tgl. 9-13 u. 15-20.30 Uhr, außer So nachmittags). Mit Souvenirs und Mitbringseln eindecken kann man sich bei* ***Grenadine*** *(Nr. 22/23, Di-Sa 9-19.30 Uhr, Kulinarisches, originelle Shirts, Scherzartikel, Kleidung etc.). Richtig satt essen können sich alle bei* ***La Pastachuca*** *(Nr. 36, große Pasta-Auswahl, ab € 10, Mittagstisch mit Kaffee € 13).*

interessieren: Pâtisserie del Monte, Place du Pin 36, dort gibt es Schokolade, Eis und Kuchen, natürlich aus eigener Herstellung. Und noch ein Tipp für Mimosenfans: Am 1. Sonntag im Februar gibt es hier ein Fest mit Blumenkorso.

Die Templer von Hyères

Nun aber nach **Hyères** (siehe Kasten links und oben). Überwacht wird der Hauptplatz von der **Tour des Templiers**, dem Templerturm (12. Jh.), einem prächtigen Bau. Das heutige Gerichtsgebäude hält Infos zum Orden der Tempelritter für Besucher bereit [April-Okt Mo-Sa 9.30-12-30 u. 16-19, Nov-März Mo bis Sa 9-12.30 u. 14-17.30 Uhr. Eintritt frei].

Wer sich die Füße etwas länger vertreten will, der folge der Rue Sainte-Catherine bis zur Place Saint-Paul. Als architektonisches Kleinod präsentiert sich die Maison Renaissance mit grazilem Ecktürmchen und wölbt sich über die Porte Saint-Paul (13./14. Jh.), eines der vier Stadttore. Eine Treppe führt hoch zu einem Bau des 12. und 13. Jahrhunderts, der **Saint-Paul-Kirche** [Place Saint-Paul s/n. Mo 14-18, Mi-Sa 9-12 u. April-Okt 14-18, Nov-März 14-18.30 Uhr. Eintritt frei]. 400 Votivtafeln zeigen, welche Unglücksfälle die Fischer der Stadt überlebten.

Nach der Tour laden Cafés und Restaurants in Hyères zum Verweilen ein

Tour 3 – Der heilige Berg, die Eiskeller und überall Bauxit

Saint-Maximin • Sainte-Baume-Massiv • Mazaugues • Tourves • Le Val • Châteauvert • Cotignac • Notre-Dame de Grâces • Sillans-la-Cascade • Pontevès

Wo: Landesinnere, Département Var, östlich Aix-en-Provence – Wie: mit dem Auto, streckenweise mit Fahrrad, kleine Wanderungen – Dauer: Tagestour, je nach Unterkunft auf 2 Tage aufteilen – Nicht vergessen: Sonnenschutz, Windjacke, festes Schuhwerk, Kamera, Zeichenblock, Picknick

Bei dieser Tour ist fast immer die hohe Kalksteinmauer des Sainte-Baume-Massivs zu sehen. Die Landschaft mit großen Steineichenwäldern wechselt sich im Osten und Norden mit mehrfarbigen Bauxitbergen ab, geht dann über in Wälder mit Rotbuchen, Pinien und Korkeichen. Wilde Schluchten und rauschende Flüsse sorgen für Abwechslung, manche enden mit Wasserfällen. Und wieder überall pittoreske Orte, vom Mittelalter geprägt, von Kirchen oder Burgen bewacht. Rundherum viel Landwirtschaft, Olivenhaine und vor allem Weinberge.

Die beeindruckende Basilika Sainte Madeleine wahrt viele Geheimnisse

Grab und Fluchtort der Maria Magdalena

Start ist der nördlich des Sainte-Baume-Massivs liegende, Maria Magdalena gewidmete Wallfahrtsort **Saint-Maximin-la-Sainte-Baume** [Office de Tourisme, Place Jean Salusse s/n, Couvent Royal, 83470 Saint-Maximin, Tel. 0494-59 84 59, www.ot-stmaximin.provenceverte.fr]. Ziel ist für alle die zwischen 1295 und 1532 errichtete **Basilika Sainte-Marie** [tagsüber geöffnet. Eintritt frei]. Das Grab der Jüngerin Jesu soll unter der Kirche sein, entnommene Knochen und der Schädel befinden sich in einem Reliquienschrein in der Krypta. Interessant sind dort auch die Reliefs auf den Platten zweier Sarkophage (6. Jh.). Genau hinschauen: Am rechten Sarg oben rechts ist die Szene dargestellt, wie Abraham seinen Sohn opfern will, ihm aber ein Lamm gereicht wird. Hinweise auf die Geschichte der Magdalena (siehe Kasten) gibt ein geschnitztes Relief an der Kanzel: Die „Sünderin“ salbt die Füße von Jesus und trocknet sie mit ihren Haaren.

Maria Magdalenas Flucht

Um das Jahr 40 soll die Vertraute Jesu zusammen mit Martha und Lazarus trotz strenger Bewachung durch die Römer in ***Saintes-Maries-de-la-Mer*** *mit einem Boot gelandet sein (siehe S. 58). Um nicht entdeckt zu werden, versteckte sie sich in einer Höhle in den Bergen, wo sie 33 Jahre lang im Untergrund missionierte, so die Legende. Mit dem Buch „The Da Vinci Code" (Dan Brown) bekam das Leben der* ***Maria Magdalena*** *eine neue Form. Sie soll demnach sogar die Frau von Jesus gewesen sein und mit ihm ein Kind gehabt haben. Jesus soll sie beauftragt haben, nach seinem Tod sein Werk fortzusetzen. Da die Römer die Lehre Jesu fürchteten, wurden auch seine Anhänger verfolgt. So erhebt sich neuerdings die Frage, ob Maria Magdalena vielleicht an diesen fernen Ort verbannt worden war.*

Nach seinem Tod soll sie über das Mittelmeer geflohen sein, ein Bild in der Kirche zeigt die Flucht.
Wieder draußen, ist die gegenüberliegende Rue General de Gaulle zu empfehlen. Hier kann man Souvenirs kaufen, Bars, Restaurants und Eisdielen sorgen für das leibliche Wohl.
Um den Platz zu finden, an dem sich Maria Magdalena versteckt hielt, geht die Fahrt südwärts: auf der D 560 bis zur D 80 mit dem Ort Nans-les-Pins (10 km). Dann folgen, immer den massigen, komplett mit Steineichen bedeckten Kalkberg La Sainte-Baume im Blick, acht landschaftlich reizvolle Kurvenkilometer. An der Kreuzung mit der D 95 Richtung Mazaugues steht an einem Parkplatz ein Hinweis zur von Pilgern und Wanderern genutzten Hôtellerie de la Sainte-Baume. Am Gästehaus vorbei, geht es in 946 Meter Höhe zur **Grotte de Sainte-Marie-Madaleine** [hin und zurück 1,5 Stunden, geöffnet 8-20 Uhr]. Unbedingt Windjacke mitnehmen, es gibt hier heftige Böen. Die Wallfahrtsstätte, schon seit dem 1. Jh. n. Chr. verehrt, wird heute mit einer Türe verschlossen. In der dunklen, feuchten Höhle stehen ein Altar und eine Reliquie der Maria Magdalena, Statuen und Buntglasfenster schmücken die Grotte. Die kleine Terrasse links ist der „Sühnestein", hier soll sie betend gekniet haben, die Quelle am Altar werde von den Tränen Magdalenas gespeist, sagt die Legende.
Weiter geht es auf der D 95 Richtung Osten. Naturfreunde steigen hier gern aus, um im Schatten der Steineichenwälder über die Kalkplatten zu stolpern. Unter ihnen macht sich Minivegetation breit, verstecken sich vor dem Wind der leuchtend gelbe Strandstern und die Kleinblütige Zistrose. Es duftet nach Thymian, Lavendel und Rosmarin, Eidechsen huschen unter die Garigue (durch Beweidung reduzierte Macchie) aus Stechginster, Disteln und weißen Lack-Zistrosen. Vor dem Ort **Mazaugues** wird an einem großen, mit Pflanzen hübsch gestalteten Parkplatz auf La Glacière de Pivaut hingewiesen. Ein Spazierweg führt von dort aus zu reno-

Besonderheit Cotignacs: Häuser, die aus der Felswand gehauen wurden

vierten Eiskellern. Sie sind Teil des vorübergehend geschlossenen Eismuseums (Musée de la Glace, siehe S. 90).

Bauxitminenbesuch mit Helm

Auf der D 95 überqueren Sie nach der „Abkühlung" den 700 (!) Kilometer langen Canal de Provence und steuern Richtung Montagne de la Loube. Auf 830 Meter Höhe versammeln sich Dolomitfelsen. Ihre fantasieanregenden Formen reichen von Turmspitzen bis zum Katzenkopf. Auf der Strecke unterhalb des Bergzugs machen braun-violette Felsen und Steinbrüche einen seltsamen Eindruck auf die Urlauber. Manche sind überwuchert, andere glatt geschliffen, als hätte man sie abgeschnitten. Es handelt sich um Bauxit, wichtig für die Herstellung von Aluminium. Um mehr über dieses Mineral zu erfahren, kutschieren wir flott nach **Tourves** und besuchen dort das **Musée des Gueules Rouges** [Avenue de la Libération s/n, 83170 Tourves, Tel. 0494-86 19 63, www.museedesgueulesrouges.fr. Juni-Sep Mi-Mo 10-13 u. 14.30-18.30, Führungen 11, 14.30 u. 16.30, Okt-Mai Mi-So 14-18, Führungen 15 u. 16.30 Uhr. Eintritt Erw. € 5, Kinder (6-18 J.) € 3]. Das neue Museum zeigt eindrucksvoll die Geschichte eines ausgestorbenen Industriezweigs, das harte Leben der Arbeiter über und unter Tage. Auch die Gewinnung von Aluminium aus Bauxit wird erklärt und ganz spannend wird es beim Befehl „À vos casques!" (an die Helme) vor dem Besuch der perfekt nachgebauten Galerie mit ihren Gueules Rouges, den roten Mäulern. Übrigens: Seinen Namen hat Bauxit vom Ort Les Baux, wo das Mineral 1821 entdeckt wurde. Die französischen Bauxitlager sind teils erschöpft, teils ist ihr Abbau zu teuer, das Material kommt jetzt aus Übersee.

Tanzende Figuren und historisches Spielzeug

Unter Umgehung des Verwaltungssitzes Brignoles, evtl. Stopp für den Einkauf, ist der nächste lohnende Halt im zwischen bewaldeten Hügeln liegenden **Le Val** [Office de Tourisme, Place du 4 Septembre s/n, 83143 Le Val, Tel. 0494-37 02 21, otleval@yahoo.fr]. Beim Umherschlendern sind manche historische Besonderheiten zu entdecken, ein Waschhaus aus dem 16. Jahrhundert, das prächtige Tor in der Passage de la Dîme, bemooste Brunnen und die ehrwürdige Kirche Notre-Dame (1068) mit wertvollen Fresken (18. Jh.) und einer Orgel von 1861. Das Touristenamt ist Treffpunkt für die Sichtung der mit Licht und Ton die Besucher animierenden beweglichen Krippe, der **Crèche animée** [ganzjährig Vorführungen, für den Besuch das Touristenbüro kontaktieren. Erw. € 2,

Kinder (6-12 J.) € 1]. Vielleicht teilt sich die Gruppe, weil die Kinder lieber historische Figuren und altes Spielzeug im **Musée du Jouet ancien et la Figurine historique** betrachten [Chemin des Tanneries s/n, Tel. 0494-37 02 21. Mo geschl. Eintritt frei].

Kunst und geschütztes Land

Nach etwa zehn Kilometern lassen Sie keine Puppen mehr tanzen, sondern dürfen sich wieder einmal selbst bewegen, nämlich im am Argens-Fluss liegenden **Châteauvert** [La Mairie, Route de Barjols s/n, 83670 Châteauvert, Tel. 0494-77 02 02, www.chateauvert.fr]. Hier durften sich moderne Künstler zu Füßen der Burgruinen in einem weiten Areal austoben. Die Kinder können sich vor Begeisterung nicht mehr bremsen, rütteln an den verschlungenen Stahlträgern, legen sich neben die gigantischen Metallinsekten ins Gras, betrachten nachdenklich das Reifenduell oder den gezackten Halbmond mit Gitterball. Auch die Erwachsenen genießen den Kunstspaziergang in der Natur und sprechen dabei fachgerecht von Künstlerfantasien und Materialstress. Wer mehr Zeit hat, kann im Vallon Sourn klettern, Kajak oder Kanu fahren und natürlich in einer der schönsten Landschaften zwischen Châteauvert und Correns wandern (6 km, Vorschläge in der Mairie). Hobbybotaniker werden ihre Freude haben an den seltenen und deshalb geschützten Blumen.

Picknick neben der Eremitage

Die oben erwähnten sechs Kilometer sind auch Teil unserer Tour. In Correns geht sie dann aber weiter Richtung Norden: entweder die kürzere, jedoch sehr kurvige Straße über Nestuby oder die etwas längere D 22 über Montfort. Ziel ist in beiden Fällen das zu Füßen eines 400 Meter breiten durchlöcherten Felsens liegende, lebhafte **Cotígnac** [Office de Tourisme, Pont de la Cassole, 83570 Cotignac, Tel. 0494-04 61 87, http://ot-cotignac.provenceverte.fr]. Beim Spaziergang durch den Ort lässt sich die Felswand näher betrachten. Es sind sogenannte Troglodytenwohnungen, aus dem Felsen geschlagene Domizile aus frühen Zeiten, in 80 Meter Höhe. Wer die Situation lieber von oben betrachtet

Picknick im Burggarten

*Von Cotignac auf der D 560 fahrend geht kurz vor Barjols ein Sträßchen links ab zum Burgort **Pontevès** (Hôtel de Ville, Place de l'Esplanade s/n, 83670 Pontevès, Tel. 0494-77 11 41, www.ponteves.fr). Sehr empfehlenswert ist der Aufstieg zu den mit vier Türmen bewehrten Ruinen des Château de Pontevès. Oben bietet sich ein weiter Blick über Hügel, Wälder und Täler des Nordens. Der grüne Burgplatz eignet sich für Spiele der Kinder, aber auch für ein gemütliches Picknick. Wenn es an Proviant fehlt, ist ein Einkauf in der **L'Épicerie** an der Place des Martyrs du Bessillon zu empfehlen. Die Backwaren sind garantiert Bio, auf der Terrasse kann man draußen sitzen (So-Di, Do, Fr 7-14 Uhr).*

Innehalten und genießen: am Wasserfall bei Sillans

und noch dazu einen schönen Rastplatz sucht, der fährt am Ortseingang – ganz langsam fahren! – scharf nach links bergaufwärts zur Eremitage **Notre-Dame de Grâces** [www.nd-de-graces.com. Kirche tgl. 7.30-19 Uhr]. Wer Proviant eingepackt hat, findet im Schatten von Steineichen und Kiefern Tische und Bänke, aus Stein „gezimmert". Und die Kinder haben genügend Auslauf, können Fangen und Verstecken spielen.

Erhabenes Naturschauspiel

Noch mehr Auslauf gibt es sechs Kilometer weiter nördlich in dem kleinen Dorf **Sillans-la-Cascade** [Office de Tourisme, Le Château, 83690 Sillans-la-Cascade, Tel. 0494-04 78 05]. Ein Rundgang durch das Ensemble mit Kirche, Schloss und Restaurant ist schnell gemacht. Allerdings kommen Ausflügler vor allem hierher, um den wunderschönen Wasserfall zu genießen. (Aufpassen! Keine Wertsachen im Auto lassen.) In etwa 20 Minuten geht es über Wiesen mit dunkelrotem Klatschmohn, vorbei an Olivenhainen und Wäldern, an einem Koloss von Platane, einer Trockenmauer – und dann kommt schließlich die Kaskade: Aus 42 Meter Höhe stürzt das tosende Wasser der Bresque in einen kleinen See. Unten bilden sich kleine Tümpel, Wasserläufe streben weg vom spritzenden Guss, das Bild muss Maler reizen, es ist einfach märchenhaft. Nach ein paar Minuten stiller Betrachtung der gewaltigen Naturerscheinung hebt sich die Stimmung, man will Teil dieses Wunders sein, stürzt sich in den kühlen See, träumt selig – und vergisst total das Warnschild „Baden verboten". Die archaische Wildnis siegt.

Auf dem Rückweg nach Saint-Maximin wäre ein kleiner Abstecher gut, hoch zur Burg von **Pontevès** (siehe Kasten S. 45).

Guten Appetit!

***Les Pins,** Grande Rue 1, 83690 Sillans-la-Cascade, Tel. 0494-04 63 26, beliebt, angehobene Preise, sehr stimmungsvoll.*

Preiswert in Barjols:

***Aux p'tits oignons,** Allée Louis Pasteur 21, Tel. 0980-39 13 53, außerhalb der Saison So abends und Mo geschl., provenzalische Küche, mit Terrasse.*

***Café de L'Europe,** Boulevard Grisolle s/n, Tel. 0494-77 00 33, ganzjährig tgl., Brasserie und Schnellrestaurant.*

Tour 4 – Aix, die Fährte der goldenen Nägel

Place du General de Gaulle • Place des 4 Dauphins • Musée Granet • Place Saint-Jean-de-Malte • Rue d'Italie • Rue de l'Opera • Cours Mirabeau • Muséum d'Histoire Naturelle • Cathédrale Saint-Sauveur

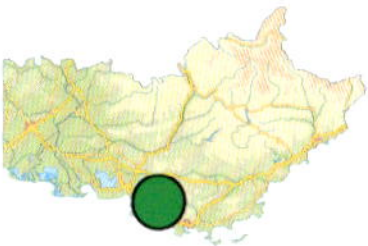

Wo: Aix-en-Provence, Zentrum – Wie: zu Fuß – Dauer: Halbtagestour – Nicht vergessen: bequemes Schuhwerk, Kamera

Hier wurde 1839 Paul Cézanne, der Mitbegründer des Impressionismus, geboren, dort verstarb er 1906 nach längerem Aufenthalt in Paris. Hier steht sein Wohnhaus, hat er sein Atelier eingerichtet, die ganze Stadt **Aix-en-Provence** erinnert mit ihren Straßen, Häusern und Museen an den Künstler. In den Straßenbelag eingelassene Messingplaketten mit einem großen C leiten auf seinen Spuren zu den wichtigsten Sehenswürdigkeiten. So macht es der ganzen Familie Spaß, in kleinem Wettbewerb die Wege entlangzupirschen. Der erste Gang in Aix gilt dem mit Informationsmaterial hervorragend ausgestatteten **Touristenamt** [Office de Tourisme, Les Allées Provençales/ Avenue Giuseppe Verdi 300, 13605 Aix-en-Provence, Tel. 0442-16 11 61, www.aixenprovencetourism.com]. Leitfaden für einen abwechslungsreichen Rundgang ist der Stadtplan „Sur les Pas de Cézanne" (auch auf Englisch). In Bronze gegossen, mit Stock, Hut und Maler-Ausrüstung, steht Paul vor dem Amt an der **Place du General de Gaulle.** Diagonal gegenüber dreht sich an der Ecke zur Rue Villars ein altes, schepperndes Karussell mit wippenden Pferden und PS-starken Autos und Hubschraubern. Am Übergang in die Rue Cardinale mit feinen, bürgerlichen Wohnhäusern steht rechts das Cinéma Le Cézanne, eine gute Gelegenheit zu prüfen, ob die Kinos in Aix aktuell sind.

Paul Cézanne ist in Aix-en-Provence noch heute allgegenwärtig

Cézannes „Die Badenden" im Großformat

Im Quartier Mazarin, beginnen die vorher vermissten Messingplaketten. An der Rue Cardinale Nummer 41, dem Collège Mignet, ist nach Schulende kaum ein Durchkommen, die Schüler rennen im Pulk auf die Straße, das Handy oder Smartphone am Ohr. Ein bekanntes Bild. An der **Place des 4 Dauphins** ist eine kleine Wasserschlacht am Delphin-Brunnen kaum zu vermeiden. Wer trocken bleiben will, wartet im Schatten der alten Kastanien. Die bürgerliche Rue Cardinale mündet in die **Place Saint-Jean-de-Malte.** Hier stehen gleich zwei wichtige Denkmäler, ein Museum und eine Kirche. Wir besuchen natürlich zuerst Cézanne im **Musée Granet** [www.museegranet-aixenprovence.fr. Di-So Juni-Sep 10-19, Okt-Mai 12-18 Uhr. Erw. € 5, (18-25 J.) € 4, Kinder (bis 17 J.) frei. Audioguide, auch deutsch, € 3].
Ende des 19. Jahrhunderts schwor der damalige Museumsdirektor, ein Cézanne werde nie über seine Schwelle kommen. Jetzt sind in einem eigenen Raum gleich zehn Cézannes zu bewundern, darunter eine großformatige Ausführung von „Die Badenden", elf impressionistische Nackedeis, ein Porträt von Madame Cézanne und eins seines Freundes Émile Zola (u. a. Roman „Nana").

Hinten Andacht, vorne Shopping

Neben dem Museum steht mit einem 67 Meter hohen Glockenturm die älteste gotische Kirche der Provence, **Saint-Jean-de-Malte** [www.moinesdiocesains-aix.cef.fr. Mo-Sa 10-12 u. 15-19, Fr erst ab 11, So 15-18 Uhr. Eintritt frei]. Cézannes Mutter wurde hier 1897 begraben. Zu den Höhepunkten der einschiffigen Kirche mit schönem Kreuzrippengewölbe gehört ein prächtiges Glasfenster: in der Mitte die Taufe im Jordan, Johannes und Jesus umgeben von Heiligen.
Gleich hinter dem Gotteshaus beginnt die **Rue d'Italie**, in dieser abwechslungsreichen Shoppingmeile ist Cézanne für eine Weile vergessen. Das beginnt gleich an der Ecke mit der Naschereiwerkstatt Brémond, wo die Aixer Spezialität, die verführerischen Calissons, geformt werden (siehe Kasten). Weiter geht es die Straße entlang mit Boutiquen, Bars, Restaurants und Souvenirgeschäften, z. B. das Hier-gibt-es-alles-Geschäft Au Petit Bonheur.

Hunger, Durst, Naschsucht

Confiserie Brémond, *Rue d'Italie 16, Tel. 0442-38 01 70, Mo-Sa 9.30-19 Uhr, alle Arten von Süßigkeiten, darunter die Calissons, ähnlich einem Marzipangebäck.*
eqwi, *Rue d'Italie 13, Tel. 0442-53 23 79, Mo-Sa 8-19, Sa 8.30-18.30 Uhr, Café und Restaurant, Sandwiches, Salate, Frühstück € 4,90, Tagesmenü € 9,90.*
flunch, *Place du General de Gaulle s/n, Tel. 0442-27 25 22, tgl. 11-22 Uhr, auf Familien ausgerichtetes Schnellrestaurant, Kindermenü € 3,95 (Tellergericht, Dessert, Getränk, Gemüse so viel man will), Menü € 9,95, Tagesgericht € 5,95-8,95.*

Grabstätte und Geburtshaus

Am Ende der Einkaufsstraße geht die Rue du Maréchal Joffre zum etwas weiter entfernten Cimetière Saint-Pierre, wo Paul Cézanne begraben ist. In der nächsten Straße, der **Rue de l'Opéra,** wurde in der Nummer 28 Cézanne geboren. Diese Straße fällt vor allem durch ihre edle Architektur auf, ein monumentaler, schlichter Barock. Wieder zurück, kommen wir auf die schattige Place Forbin. An der Ecke zur Opéra-Straße lockt das **Café Glacier** mit gutem italienischem Eis und Crêpes.

Bald ist die Gruppe am **Cours Mirabeau** angekommen, einer breiten Platanenallee, dicht an dicht besetzt mit Cafés, Restaurants und Eisdielen. Hier schätzte Paul Cézanne bereits 1906 das **Café des deux Garçons** (Nr. 53). In einem Brief an seinen Sohn erwähnt er, dass er gerade am Tage zuvor ungefähr um viertel vor sieben nach dem Diner mit Freunden in dieses Café gekommen sei.

Jurassic Park im Museum

Vom breiten Boulevard zweigt nach rechts die Rue Clemenceau ab bis zur Place Saint-Honoré, von dort nach links steht noch bis 2019 (z. T. schon im Parc St Mitre) in der Rue Espariat das sehenswerte **Muséum d'Histoire Naturelle** [Rue Espariat 6, www.museum-aix-en-provence.org. Tgl. 10-12 u. 13-17 Uhr. Erw. € 3,30, bis 25 J. frei]. Hallo, Kinder, in diesem Haus ist alle Müdigkeit vergessen, hier findet ihr ein Stück Jurassic Park, aber alles wissenschaftlich (und trotzdem spannend) erklärt.

In der nahen Umgebung, am Fuße der Montagne Sainte-Victoire, wälzten sich vor 80 Millionen Jahren in einem tropischen Sumpf Herden von Dinosauriern. Fast 1.000 Überreste, vor allem Eier und Knochen, sind zusammen mit 52.000 Insekten und 50.000 Pflanzen im Museum zu finden. Wie die Riesenviecher in natura aussahen, wie sie jagten und ihre Feinde fraßen, wird

Die Fontaine de la Rotonde entstand 1860 und steht auf der Place du General

eindrucksvoll gezeigt, die Geschichte der Erde verständlich und spannend erzählt. Damit verlassen wir die Tour der Messingplaketten und besuchen des Künstlers Atelier (siehe Kasten).

Der brennende Dornbusch

Auf dem Weg zum Atelier empfiehlt sich ein Stopp in der lohnenswerten **Cathédrale Saint-Sauveur** [Place des Martyrs de la Résistance 34. Mo-Sa 8-19, So 8.15-20]. Hier wurde einst Cézannes Schwester Rose getauft (1854) und hier fand einen Tag nach seinem Tod (23. Oktober 1906) die Trauerfeier für Paul Cézanne statt. Er liebte das Tryptichon „Der brennende Dornbusch" (Nicolas Froment, 1476), das in einer Seitenkapelle tgl. 10-12 und 14-18 Uhr zu besichtigen ist. Sehenswert sind aber auch die aus Nussbaumholz geschnitzten Türflügel des spätgotischen Portals und der romanische Kreuzgang (12. Jh.) mit Zwillingssäulen und Kapitellen.

Das Atelier Cézannes besticht durch seine vielen kleinen Details

Hier arbeitete einst der Meister

Wer Paul Cézanne verehrt, ihm geistig näherkommen will, der erhält die Belohnung im ***Atelier de Cézanne*** *(Avenue Paul Cézanne 9, Tel. 0442-21 06 53, www.atelier-cezanne.com. Tgl. April-Juni u. Sep 10-12 u. 14-18, Juli/Aug 10-18, Okt-März 10-12 u. 14-17 Uhr, Dez-Feb So geschl. Erw. € 5,50, Kinder (bis 12 J. frei). Das Atelier liegt am nördlichen Rand der Stadt, zu Fuß etwa 15 Minuten bergauf. Für Autos gibt es kaum Parkmöglichkeiten, besser ist es, den Bus Linie 1 zu benutzen (Fahrplan im Info-Amt). Bei starkem Andrang muss man im Garten warten, kann sich Anregungen holen, die schon der Meister hier eingefangen hat. Ein Film zeigt sein Leben und im Atelier bringen die vielen kleinen Einzelheiten die Stimmung des Malers näher: die Staffelei, Paletten und Pinsel, im Raum verteilte Gläser, Kannen, Rumflaschen, ein Oliventopf, eine Amorstatue aus Gips – und viele Äpfel, sein Zitat: „Mit einem Apfel werde ich Paris erstaunen."*

Das auf manchen Bildern gemalte grüne Krügelchen fehlte bei meinem Besuch. Es sei nach Japan ausgeliehen worden und komme wieder zurück. Bitte prüfen.

Tour 5 – Marseille, die schillernde Stadt und das Meer

Cathédrale de la Major • Rue du Petit Puits • Centre de la Vieille Charité • Place des Pistoles • Place de Lenche (Agora) • Parc National des Calanques

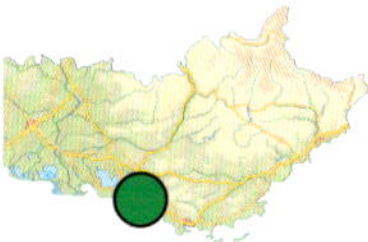

Wo: Quartier Le Panier, in die Calanques, Küste östlich der Stadt – Wie: Rikscha, Rundtour mit dem Petit Train, im Quartier Le Panier zu Fuß, mit dem Boot – Dauer: ½ Tag für Le Panier, ½ Tag Bootstour – Nicht vergessen: leichtes Schuhwerk, Kamera, Windjacke, Badesachen

Marseille hat mit der Ernennung zur Kulturhauptstadt 2013 sein Gesicht verändert. Beton, Glas und Stahl sollen den alten, kritischen Ruf nivellieren. Die Umbauten haben viele Straßenzüge verteuert. Wer die Stadt als Urlauber besucht, wird sich lange mit unklaren Stadtplänen herumplagen müssen. Doch das Erlebnis Hafenstadt kann – richtig gesteuert – zu einem ereignisreichen Urlaubstag (oder mehreren) werden. Das neue Supermuseum MuCEM (Musée des Civilisations de L'Europe et de la Méditeranée) lockt mit seinen Wechselausstellungen, je nachdem verschiedene Öffnungszeiten und Preise.
Alt-Marseille erlebt man in seinem ältesten Stadtteil Le Panier ohne Reue, er ist schön aufgeräumt, die Spelunken und ominösen Krämerläden sind Boutiquen, Bistros und Designerläden gewichen, die schäbigen Apartments wurden in teure

Ein Highlight der provenzalischen Hauptstadt ist ihr Hafen

Eigentumswohnungen umgewandelt. Und nach dem Bummel erlebt man als „Seefahrer" die pittoreske Küstenlandschaft der provenzalischen Hauptstadt. So kann Marseille zu einem kleinen Abenteuer werden.

Rikscha, Bahn oder Bus?

Die Vorbereitung auf einen gelungenen Besuch der alten Hafenstadt beginnt man am besten, ausgestattet mit reichlich Infomaterial, bei der **Touristinformation** [Office de Tourisme et des Congrès, La Canebière 11, 13001 Marseille, Tel. 0826-50 05 00, info@marseille-tourisme.com, www.marseille-tourisme.com]. Um Marseilles ältesten Stadtteil Le Panier bequem zu erreichen, gibt es mehrere Möglichkeiten, die romantischste ist mit dem Rikscha-Cabrio **Tuk-Tuk Marseille** [Buchung über Tel. 0623-67 63 45 oder beim Office de Tourisme, Vorbestellung über www.tuktukmarseilleprovence.com. 3 Pers. € 30, Rikscha bis 6 Pers. € 45]. Chauffeur Nicolas, Erfinder des Unternehmens, spricht Englisch. Eine Rundtour führt durch Le Panier mit 30 Minuten Stopp bei der Vieille Charité mit dem Zug, dem **Petit Train** [Abfahrt am Quai du Port 176, ggüb. Restaurant Le Wok, Tel. 0491-25 24 69, www.petit-train-marseille.com. 10-12.30 u. 14-18 Uhr alle 20 Min, Dauer ca. 1 Std. Erw. € 8, Kinder (3-11 J.) € 4]. Die Stadtrundfahrt mit dem **Panoramabus** berührt Le Panier, stoppt an der Place Jolliette. Dort kann man aus- und zusteigen zur Weiterfahrt bei der Grande Tour [SMT, Quai du Port 76, nahe Mairie und Pavillon M, 13001 Marseille, Tel. 0491-91 05 82, deutsches Tel. 030-30 80 72 12, www.city-discovery.com. marseille Tagestour („hop on, hop off") Erw. € 19, Kinder (4-11 J.)].

Mit dem rustikalen Rikscha-Cabrio „Tuk-Tuk" die Stadt erkunden

Gigantische Maße

Ein guter Startpunkt für den Streifzug durch die Altstadt Panier und gleichzeitig mit Blick auf die monumentale Museumskonstruktion des MuCEM unten am alten Hafen ist die **Cathédrale de la Major** [Place de la Major s/n. Di-Sa 10-19 Uhr. Eintritt frei]. Das Gotteshaus (1896 geweiht) zieht aufgrund seines romanisch-byzantinisch angehauchten Stils und seiner weiß-grauen, quer gestreiften Außenhaut alle Blicke auf sich. Auch weniger an Kirchen interessierte Teenies spüren die Besonderheit des Bauwerks. Und staunen über seine Maße: 146 Meter lang, 70 Meter hoch die Hauptkuppel mit einem Durchmesser von 18 Metern. Entsprechend gewaltig ist der Innenraum der Wallfahrtskirche. Wer noch Sinn für Kirchenarchitektur hat, sollte den Altarüberbau aus tiefschwarzem Onyx und den Altar aus Marmor beachten. Unterhalb der Kathedrale wurde der Glas-Stahl-Gigant MuCEM um das Fort Saint-Jean herumgebaut (www.mucem.org).

Schokolade mit Zwiebeln

Wir suchen die alte Stadt mit ihren engen Gassen und weiten Plätzen, mit ihren Kunsthandwerkern, verrückten Geschenkeläden, Restaurants und Cafés auf schattigen Arealen. Über die Place des 13 Cantons erreichen wir die **Rue du Petit Puits.** Wenn sich in der Nummer 47 die Ladentür öffnet, werden die Besucher eingehüllt von Schokoladendüften, sie stehen in der **Chocolatière du Panier** [Tel. 0662-43 08 62, lachocolatiereduanier.skyrock.com. Mo-Sa 10-19.30 u. So 10-18 Uhr]. Die Rezepte des Urgroßvaters werden bis

heute gepflegt und der Alte hat vieles probiert, z. B. Schokolade mit Basilikum, Zwiebeln und Lavendel. Nicht kneifen, probieren ist Ehrensache.
Kunsthandwerk für spielerische Naturen gibt es bei **Arterra Créateur Santonnier** in Nummer 15 [Atelier & Boutique, Tel. 0491-91 03 31, santons-arterra.com. Mo-Sa 9-13 u. 14-18 Uhr]. Die berühmten Santons sind nicht nur Krippenfiguren, sondern auch niedliche Handwerker, Familien oder Schafe. Nur hereinspaziert, die Künstler lassen sich nicht stören, wenn man ihnen über die Schultern schaut. Gleiches gilt in Nummer 7 beim Produzenten fantasievoller, lustiger Keramikfiguren, bei **Céramiques Serge Moutarlier** [Atelier & Boutique, Tel. 0491-90 68 32, www.sergemoutarlier.com. Mo 14-19, Di-Fr 10-12 u. 14-19, Sa 11-19 Uhr].
Sollte schon Hunger aufkommen? Dann ein paar Schritte weiter zum Restaurant **Le Clan des Cigales** in der Hausnummer 8 (siehe Kasten S. 54). Angeschlossen ist die Épicerie provençale mit Produkten der Provence, Geschenken wie Konfitüren, Olivenöl oder Salzmühlen. Auch T-Shirts gibt es.

Die Qual der Wahl

Am Ende der Rue du Petit Puits ist das **Centre de la Vieille Charité** erreicht. Das ehemalige Armen- und Krankenhaus wurde zu einem kulturellen Zentrum mit einer Hochschule für Sozialwissenschaften, Kino, Café und Museen umgebaut. Der Architekt Le Corbusier (1887-1965) hat das Armenkrankenhaus, eins der schönsten Barockensembles, mit geschickter Hand als Kulturzentrum restauriert. Ein lohnender Spaziergang.

Blickfang: die weiß-grau gestreifte Cathédrale de la Major

Doch dann kommt die Entscheidung. Zwei wichtige Museen sind in der alten Charité untergebracht: **Musée d'Archéologie Méditerranéenne** und **Musée d'Arts Africains, Océaniens et Amérindiens** [Rue de la Charité 2, Tel. 0491-14 58 59 (14 58 38 für Musée d'Arts), www.mairie-marseille.fr. Di-So 10-18 Uhr. Erw. € 5, Kinder (bis 17 J.) frei]. Meistens trennen sich hier die Gruppen. Ein Teil möchte im archäologischen Museum ungestört die Schätze des alten Ägypten genießen. Andere interessiert eher die Betrachtung exotischer Zeugnisse aus fernen Welten im Musée d'Arts, möchten sich gruseln beim Anblick von Schrumpfköpfen

(Têtes trophées), den Trophäen von Kopfjägern einiger südamerikanischen Völker. Klar, dass vor allem die jungen Ausflügler den fernen Kontinenten den Vorzug geben.

Von Kitsch und Kunst

Draußen, an der **Place des Pistoles**, kann man den Einheimischen zuhören, die erzählen, dass sich vor der Sanierung nicht mal die uniformierten Flics in das Viertel trauten. Über die Rue du Panier geht es abwärts bis zur Rue Sainte-Françoise, einer anderen Gasse mit verlockenden Geschäften. Gleich an der Kreuzung beider Straßen werden Kauflustige von einer bunten Boutique angezogen, von dem Souvenirgeschäft **Plus belle la vie** [Tel. 0951 85 54 29, boutique.plusbellelavie.fr. Mo-Sa 10.30-18.30 Uhr]. Hier gibt es alles, was man braucht – oder nicht: Tassen, Magnetschilder, Mützen und Kinder-T-Shirts.

Ein paar Schritte weiter, in der Françoise-Straße Nummer 52, wird es ebenfalls bunt, jedoch künstlerisch wertvoll bei Anouar Ghrissi im **Atelier Red Limon** [Tel. 0630-06 46 38, www.redlimon.com. Di-Sa 10-18 Uhr]. Die Fantasie des Künstlers schlägt Purzelbäume, seine Kreationen begeistern: Kunstobjekte für die Wohnung, fantasievolle Geschenke, Skulpturen aus Metall, Papier und Stein, kleine Preziosen gibt es schon für € 30. Mit Mosaiken geht es weiter im **Atelier Celadon** [Nr. 40, Tel. 0491-90 89 26, atelier-celadon.com. Tgl. 10-19 Uhr]. Hinter den Showrooms können Besucher bei der Produktion zuschauen.

Zu Schmugglerbuchten

*Die **Calanques** sind in den Fels eingeschnittene Buchten mit versteckten Siedlungen und Ferienhäusern. Am alten Hafen starten Boote, ich empfehle die kleine Osttour, angeboten von **Icard Maritime.** Quai des Belges, Vieux Port (ggüb. Restaurant La Samaritaine), Tel. 0491-33 36 79, info@icard-maritime.com www.visite-des-calanques.com. Kleine Rundreise bis Sugiton: 11/15/16 Uhr, Dauer 2,5 Std. Erw. € 22, Kinder (13-18 J.) € 20, (4-12 J.) € 17.*

Zeit für Genießer

*Von der Charité erreicht man über die Place de Lorette die Rue de Lorette, dort in der Hausnummer 43 die **Pizzeria Chez Etienne.** Im Familienbetrieb gibt es die beste Holzofenpizza der Altstadt, Maxiformat für Familien (für 2 Pers. € 15, für 4 Pers. € 20), Tagesgericht € 11, Mo-Sa mittags und abends.*
***Le Clan des Cigales,** Rue du Petit Puits 8, 13002 Marseille, Tel. 0663-78 07 83, www.leclandescigales.com, Mo-Sa 10-18.30 Uhr, gemütlich, hausgemachte provenzalische Speisen, fantasievolle Tagesteller € 8-15, Speisen können zum Mitnehmen gekauft werden, auch Geschenke.*

Preisgekröntes Eis und Biskuit

Eine abschließende Belohnung gibt es reichlich an der **Place de Lenche.** Hier war nämlich der Marktplatz (Agora) der Griechen, die 600 v. Chr. an diesem Platz „Massalia" gründeten (siehe Kasten S. 8). Mit Blick auf das Meer ist die Agora auch heute noch Zentrum der Geselligkeit: Man trifft sich hier bei Snacks, Getränken und Eis! Der Fantasie sind im am Platz liegenden Eissalon keine Grenzen gesetzt. Sogar preisgekrönt wurde das Eis von Florence, der Gründerin von **Le Glacier du Roi** [Place de Lenche 4, Tel. 0491-91 01 16, www.leglacierduroi.com. Okt-April Mi-Mo 8.30-19,30 Juli/Aug Di und Mi 8.30-19.30, Do/Fr/Sa 8.30-0 Uhr]. Um die Ecke lockt ein spezielles Biskuitgebäck, einem Schiffchen (navette) ähnlich, bei **Les Navettes des Accoules** [Rue Caisserie 68, Tel. 0491-190 99 42. Mo-Sa 9.30-19, So 10-18 Uhr]. Bei José Orsoni liegen in den Vitrinen aber auch noch andere süße Kleinigkeiten für einen gemütlichen Abend im Quartier.

Schöne Aussichten

Nach dem etwas anstrengenden Alstadtbummel gibt es unten am alten Hafen die Möglichkeit, eine erholsame und lehrreiche **Küstentour** zu unternehmen (siehe Kasten links). Bei der Abfahrt genießt man zunächst einen Blick hoch zum bereits erforschten Le Panier, rechts zur Kathedrale, links zur Notre-Dame de la Garde und am Ende der Hafenbucht auf den neuen Museumskoloss MuCEM. Dann beginnt die abwechslungsreiche Felsenküste, wo morgens Fischer die begehrten Felsenfische für die berühmte und teure Bouillabaisse fangen, u. a.

Alt-Marseille: auf den Spuren der Stadt in Le Panier, Vieille Charité

Meeraal, Drachenkopf und Petersfisch. Spannend wird es an der engen Passage de Croisette: Auf der rechten Seite liegt die Île Maïre, in gefährlichen Zeiten mit Wachposten besetzt, auf der linken Seite die versteckte Baie des Singes, die Affenbucht, einst ein wichtiges Schmugglerversteck. Der spitze Felsen bei Sormiou hat Geschichte gemacht: Hier fanden Fischer das Armband des Fliegers und Dichters Antoine de Saint-Exupéry („Der kleine Prinz"), er war auf seinem Flug von Korsika nach Grenoble abgeschossen worden. In 80 Meter Tiefe wurde das Wrack des Aufklärungsflugzeugs gefunden. Mit dieser und anderen Geschichten, auch auf Deutsch erzählt, geht es weiter zur paradiesischen Bucht von Sugiton, die von Land aus zu Fuß erreichbar ist. Bei der Rückfahrt gibt es Gelegenheit, mit dem Fernglas nach Bonelli-Adlern, Wanderfalken oder Gelbfuß-Uhus zu suchen, diese Vögel nisten an den steilen Klippen der Calanques.

Tour 6 – Camargue, Vogelparadiese und ein Wallfahrtsort

Musée de la Camargue • Parc Ornithologique du Pont de Gau • Saintes-Maries-de-la-Mer • Domaine Paul Ricard de Méjanes • Étang de Vaccares

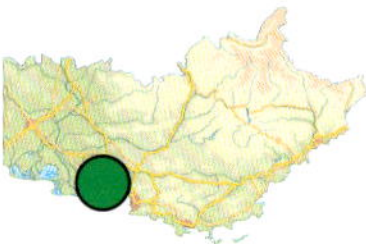

Wo: Südwesten der Provence, südlich von Arles, westlich von Marseille – Wie: mit dem Auto, kleine Wanderungen – Dauer: Tagestour, bei Nutzung aller Angebote zwei Tage. Nicht vergessen: Sonnenschutz, Antimückenspray, Fernglas, Vogelbestimmungsbuch, Kamera, Badesachen

Diese Tour verlangt Liebhaber der Natur, Menschen, die Freude an Flora und Fauna haben, die gern Wege auf sich nehmen, bis sie schwarze Stiere entdecken oder Cowboys auf rassigen Pferden. Das einzige Stadterlebnis ist Les Saintes-Maries-de-la-Mer, ein turbulenter Wallfahrtsort. Dann wieder Landschaft aus Sümpfen, Salzwiesen, Rohrkolben und Binsengras und das Erlebnis Vogelwelt mit Flamingos, Reihern, Stelzenläufern und Säbelschnäblern. Für Freunde einer intakten Umwelt und geschützten Natur ein wahres Paradies.

Von gebrandmarkten und gereizten Stieren

Nur zwölf Kilometer von Arles auf der D 570 und schon ist mitten in einer ursprünglichen Landschaft in einer alten Schäferei eines der wichtigsten Informationszentren der Camargue erreicht, das

Musée de la Camargue [Mas du Pont de Rousty, 13200 Arles, Tel. 0490-97 10 82, www.museedelacamargue.com. Mi-Mo April-Sep 9-12.30 u. 13-18, Okt-Dez u. Feb/März 10-12.30 u. 13-17 Uhr. Erw. € 5, Kinder (10-18 J.) € 3, mit Toiletten und Picknickplatz]. Hier werden leicht fassbar der Naturpark heute und das tägliche Leben im 19. Jahrhundert auch mit deutschen Begleittexten erklärt. Guckkästen mit alten Fotos, ein Stehkissen hilft den kleinen Gästen nach oben, zeigen die Jagd auf Wasservögel, die Salzgewinnung und das Schneiden der Sagne (Schilfrohr) zum Decken der Dächer sowie den Reis- und Weinanbau.
Per Video erlebt man La Ferrade, das Markieren der Jungstiere (siehe Kasten). Beim Thema Stierkampf wird deutlich darauf hingewiesen, dass die Course Camarguaise unblutig ist. Die ausgewählten Cocardiers, Stiere mit einer Kokarde (Zeichen des Besitzers), werden in der Arena vom Tourneur gereizt, wenn der Stier angreift, läuft der weiß gekleidete Raseteur los und versucht, mit einem Haken die zwischen den Hörnern befestigten Kokarde, Eicheln und Bindfäden abzureißen. Der Stierkämpfer flieht hinter die Barrikaden. Bleibt der Stier zu lange davor stehen, schickt man eine Simbéu in den Ring, ein Leitrind mit einer Glocke um den Hals. Ein gern angenommenes Friedensangebot.

Es zischt und stinkt

*Bei der **Ferrade** werden die einjährigen Stiere von der Herde getrennt und von mehreren Gardians auf weißen Pferden müde gejagt. Einer der wilden Reiter nähert sich im Galopp dem Tier und bringt es mit einer langen dreizinkigen Lanze (Trident) zum Stolpern. Dann wird der schwarze Stier von mehreren Männern auf dem Boden festgehalten, bis ein Eisen mit dem Zeichen des Besitzers im Feuer glüht. Schließlich drückt man die Markierung zischend auf den Oberschenkel des Tiers, womit es gebrandmarkt ist.*

Auf dem Weg in den Süden des Naturparks Camargue reift links und rechts der im Wasser stehende grüne Reis heran, bis er braun und damit erntereif ist. Zwischen den Feldern sind immer wieder Reiter zu sehen, ständig werden Promenades à Cheval, Ausritte mit dem Pferd, für Kinder auch mit Ponys. Zum Beispiel warten Francis und seine Équipe auf Hobbyreiter in der **Promenade de Pont de Gau** [Nähe Parc Ornithologique, Tel. 0609-59 39 22, www.camargue-cheval-mia.com. 2 Std. Ausritt mit Pferd € 32, 30 Min. mit Pony € 10].

Staksende Flamingos und nistende Seidenreiher

Im Herzen der Sümpfe wartet schließlich ein ganz besonderes Erlebnis auf die Naturfreunde, ein Besuch des **Parc Ornithologique du Pont de Gau** [Route d'Arles D 570, 4 km vor 13460 Saintes-Maries-de-la-Mer, Tel. 0490-97 82 62, www.parcornithologique.com. Tgl. April-Sep ab 9, Okt-März ab 10 Uhr bis Sonnenuntergang. Tagesticket Erw. € 7,50, Kinder (4-12 J.) € 5. Plan mit 2 Wegen, je 1 Std., Picknickplatz]. Da geht das Herz auf, die Kinder jubeln, übertönen das Zwitschern und Rollen der gefiederten Freunde. Viele werden auf Tafeln erklärt, andere warten in Volieren auf neugierige Besucher, das Schwarzstorchpaar beispielsweise, das sich gern im Geäst versteckt. Oder der Schlangenadler mit scharfem Blick und gebogenem, spitzem Schnabel, gut geeignet, die schleichenden Reptilien zu schnappen.

Höhepunkt aber sind die in Teichen und Sümpfen staksenden rosaroten Flamingos sowie die im Röhricht wegen der für den Nestbau wichtigen trockenen Äste auf alten Tamarisken nistenden Grau-

Elegant in Rosa: Doch woher kommt die Farbe des Flamingogefieders?

und Seidenreiher. Groß und filigran sind diese Tiere auch von Nahem. Das besondere Erlebnis, vor allem für die mit Kameras und Handys herumeilenden jungen und älteren Besucher, ist die Nähe der Flamingoscharen, die sich in ihrem natürlichen Lebensraum sicher fühlen und gemächlich im Gänsemarsch durch das Wasser stolzieren. Foto! Wie schön, einem Pärchen bei der Hochzeitsparade zuzuschauen, wie es, die Hälse verschlungen, zärtliche Schnäbeleien vorführt. Noch ein Foto! Warum sie wohl immer wieder mit ihren Füßen den Schlamm aufwühlen und dann mit dem eigenartig gebauten Schnabel ins Wasser tauchen? Erst fotografieren, dann überlegen und im Kasten (siehe rechts) lesen.

Ohne Wallfahrten kann Saintes-Maries-de-la-Mer auch ganz friedlich sein

Warum haben Flamingos lange Hälse und rote Federn?

*Weil **Flamingos** lange Stelzenbeine haben, brauchen sie auch einen langen Hals, um ihre Beute im Wasser bzw. am Boden zu erreichen. Sie haben 19 Halswirbel, der Mensch nur sieben. Wenn sie mit ihren Füßen den Schlamm aufwühlen, treiben die nährenden Kleinstlebewesen nach oben, die Flamingos sieben sie mit ihrem Schnabel aus. Das in der Tierwelt einzigartig geformte Fresswerkzeug liegt bei der Nahrungssuche waagerecht im Wasser und hat durch seine Wölbung nach unten eine größere Filterfläche als ein gerader Schnabel. Die für die Nahrung wichtigen Krebse und Algen enthalten Carotinoide (wie Karotten), die das Gefieder rot färben. In den Zoos fehlt das rote Futter, weshalb mit Beta-Carotin nachgeholfen wird.*

Auf der Flucht vor Römern: Sara, Maria und Magdalena

Die Roma kommen wegen der schwarzen Sara, die Normaltouristen wegen der den biblischen Marias gewidmeten Wehr- und Wallfahrtskirche in das am Mittelmeer liegende **Saintes-Maries-de-la-Mer** [Office de Tourisme, Avenue van Gogh 5, 13460 Saintes-Maries (Kurzform), Tel. 0490-97 82 55, www.saintesmaries.com]. Wenn Leute aus aller Welt, hauptsächlich spanische Roma, Mitte Mai und Ende Oktober ihre Schutzheilige Sara mit Wallfahrten ans Meer ehren, ist kaum Platz im Städtchen zu finden. Zu anderen Zeiten geht es etwas gemütlicher zu. Dann ist auch Platz, um vom Touristenamt aus über die Rue Victor Hugo und die mit zahlreichen Sandwichständen und Garküchen gefüllten Seitengässchen vor die Wehrkirche (9.-12. Jh.) zu gelangen, zur Wallfahrtskirche **Notre-Dame-de-la-Mer** [Place de l'Église s/n. Tgl. 8-12 u. 14-19 Uhr, Eintritt frei]. Ziel aller Gläubigen und Nichtgläubigen ist die dunkelhäutige Sara in der Krypta rechts vom Altar. Nach einer der zahl-

Die Roma kommen meist, um die schwarze Sara zu sehen

reichen sich widersprechenden Legenden sind um das Jahr 40 Maria, Jesu Mutter, und seine eventuelle Ehefrau Maria Magdalena (siehe Kasten S. 43) sowie die gemeinsame Tochter Sara in ihrem Boot bei Saintes-Maries an Land getrieben worden.

Speisen am Rande des Rummels

*Die meisten Familien besuchen die **Domaine Paul Ricard de Méjanes** wegen des rasanten Freizeitangebots (s. S. 60). Nach den Erlebnissen kommt Hunger auf. Kinder wollen nicht lange warten und werden in zwei großen Sälen des Méjanes-Komplexes versorgt. Favorit sind Reisspeisen mit dem typischen roten Camargue-Reis, gemischt, mit Butter und Parmesan mit Zimt und Muskat gewürzt. Es gibt auch Spaghetti mit Pesto, Hähnchensalat oder Ratatouille. Die älteren Zöglinge sollten einmal die Fischsuppe probieren, wer mutig ist, kann sie mit Rouille, einer Knoblauchsoße, verfeinern. Tgl. durchgehend geöffnet.*

Entertainment für die Kids

Rund um die Stadt bieten sich mehrere feinsandige Strände für eine erfrischende Rast an, mit allen Bequemlichkeiten ausgestattet, keine Spur mehr von van Goghs romantischen „Fischerbooten am Strand von Saintes-Maries“. Jetzt wäre Zeit, um über die Möglichkeiten der nach Jesu Tod fliehenden Marien nachzudenken, zu diskutieren. Dann aber muss die Tour noch etwas weitergehen. Zurück also auf die Parallelstraße D 85 A, die in die Hauptstraße D 570 mündet. Kurz vor Albaron zweigt die D 37 nach rechts (Osten) ab, fünf Kilometer später zeigt ein Wegweiser zur abwechslungsreichen **Domaine Paul Ricard de Méjanes** [Mas de Mèjanes, Tel. 0490-97 10 10, www.mejanes.camargue.fr. Tgl. geöffnet. Eintritt frei. Mit Schnellrestaurant und schattigem Picknickplatz]. Im Landgut ist wirklich alles geboten, da werden alle Bedürfnisse, selbst anspruchsvollster Kids, erfüllt: reiten mit großen Pferden (1 Std. € 19), Sattelprobe für junge Reitaspiranten auf dem Pony (15 Min. € 5), mit dem Petit Train eine 3,5 Kilometer lange Zugfahrt durch die Salzseenlandschaft der Camargue (25 Min. Erw. € 5, Kinder (5-10 J.) € 4), die Ferrade (siehe Kasten S. 57) um 11.30 Uhr, Stiere und ihre Bezwinger in der Arena um 15.30 Uhr.

Wer dem Trubel entfliehen will, folgt einem 2,5 Kilometer langen Spazierweg mit Infotafeln und regionalen Motiven: Pferde, Stiere und besondere Ausblicke auf die Welt aus Sümpfen, Rieden und Salzwiesen mit Halophyten wie Sodakraut, Salzmelde und Strandflieder.

115 Vogelarten brüten in den Étangs

Wer Zeit und Lust auf mehr Étangs hat, bleibt auf der D 37 und kehrt über die folgende D 36 nach Arles zurück. Die Strecke führt entlang des **Étang de Vaccarès** [6.500 ha, 2 m tief, 4-35 g Salz pro Liter]. Von Beobachtungstürmen aus kann man noch einmal den speziellen Charakter der Sumpflandschaft beobachten: Salzpflanzen in der Lagune, Schilf auf der Landseite. Mit dem Fernglas ist der Reichtum der Vogelwelt zu sehen: die einem Nebelhorn ähnlich schreiende Große Rohrdommel, die seltene Brachschwalbe, Dünnschnabel- und Schwarzkopfmöwen, langbeinige Stelzenläufer, Säbelschnäbler mit langem, aufwärts gebogenem Schnabel und Enten verschiedener Arten von der Krick- bis zur Löffelente.

Die besten Chancen, die artenreiche Liste abzuhaken, haben Ornithologen von September bis März, wenn die Vögel hier überwintern.

Nichts ist schöner als ein langer Ausritt, um die Natur der Provence zu genießen

Tour 7 – Zu Besuch bei Römern, Äbten und Päpsten

Arles • Abbaye de Montmajour • Les Baux-de-Provence • Glanum • Saint-Rémy-de-Provence • Avignon

Wo: ab Arles östlich der Rhône bis Avignon – Wie: mit dem Auto, unterwegs kleine Radtouren – Dauer: Tagestour, je nach Ort der Unterkunft in mehrere Abschnitte aufteilen – Nicht vergessen: festes Schuhwerk, Kamera

Entlang der Rhône besuchen Sie auf dieser Tour die wichtigsten römischen Gründungen, machen Abstecher zu einem der schönsten Klöster, durchqueren die Chaîne des Alpilles, eine Traumlandschaft und halten sich dann in Avignon bei den Gegenpäpsten auf.

Die Allee der Sarkophage

Nachdem der römische Feldherr Gaius Julius Caesar 49 v. Chr. die griechische Hafenstadt Massalia (Marseille) seiner Provinz Narbonensis eingegliedert hatte, gründete er drei Jahre später an der Rhône die strategisch wichtige Militärkolonie Julia Paterna Arelate, das heutige **Arles** [Office de Tourisme, Boulevard des Lices s/n, 13200 Arles, Tel. 0490-18 41 20, www.arlestourisme.com]. In der Nähe des Touristenamts, am Ende des Boulevard des Lices, liegt ein römisch-christlicher Friedhof, die Pilgeretappe **Les Alyscamp** [Avenue des Alyscamps s/n. Tgl. Mai-Sep 9-19, März/April/Okt 9-12 u. 14-18, Nov-Feb 10-12 u. 14-17 Uhr.

Antike Sarkophage reihen sich in Les Alyscamps aneinander

Erw. € 3,50, EU-Bürger unter 18 J. frei]. Der lange Weg zur Kirche Saint-Honorat (wie viele Menschen sind nötig, um die mächtigen Pfeiler zu umfassen?) ist von Sarkophagen eingerahmt, das christliche Begräbnis hatte im 3. Jahrhundert die römische Sitte der Einäscherung abgelöst. Van-Gogh-Kopien zeigen die Situation zur Zeit des Künstlers.

Ein UNESCO-Kulturerbe nach dem anderen

Richtung Stadtmitte ist die erste Station das **Théâtre Antiques** [Rue de la Calade s/n. Tgl. Nov-März 10-17, April/Okt 14-18, Mai/Juni/Sep 9-19, Juli/August 9-20 Uhr. Erw. € 8, EU-Bürger unter 18 J. frei]. Ein Spaziergang durch die antike Vergnügungsstätte mit Platz für 10.000 Zuschauer ist sehr kurzweilig und auch mit dem Buggy machbar. Nicht weit entfernt, ebenso wie das Theater ein UNESCO-Weltkulturerbe, liegt das pompöse, mit seiner zweistöckigen Außenwand und 60 Bögen begehrte Fotomotiv, das **Amphithéâtre** [Rond-Point des Arènes. Öffnungszeiten und Eintritt siehe Théâtre, oben]. In Richtung Stadtmitte ist die Place de la République mit Rathaus und Obelisken nicht zu übersehen, doch ihre wichtigste Sehenswürdigkeit ist die Kirche **Saint-Trophime** [Place de la République s/n. Öffnungszeiten wie Théâtre Antique. € 4,50, unter 18 J. frei]. Schon das romanische Portal fasziniert mit seinen Figuren, abwechslungsreich ist der Spaziergang durch den Kreuzgang (12. Jh.) mit seinen figurenreichen, fein gearbeiteten Kapitellen. Fantastisch im Kapitelsaal die Gobelins, die ein Stück der Geschichte Frankreichs erzählen, z. B. Gottfried von Bouillon bei seinem ersten Kreuzzug zur Befreiung Jerusalems.

Wer die Stadttour bequemer haben will, bediene sich des **Petit Train** [Start beim Office de Tourisme. April-Okt tgl. 10-19 Uhr, alle 35 Min. Erw. € 7, Kinder (ab 9 J.) € 4].

Steine machen hungrig

Ein paar Tipps aus der großen Auswahl an Bars und Restaurants in Arles:
Mit schönem Innenhof, auch kleine Gerichte (Tapas) bei ***Querida,*** *Rue des Arènes 37, Tel. 0490-98 37 81, mittags und abends geöffnet, Mi geschl. Provenzalische Küche bei* ***Le Criquet,*** *Rue Porte de Laure 21, Tel. 0490-96 80 51, Mi-So 12-13 und 19-21.15 Uhr, Menü € 15. Preiswert ist* ***Le Gallia,*** *Rue de l'Hôtel de Ville 22, Tel. 0490-96 58 45, Tellergericht ab € 7,50. Salatplatten ab € 8 bietet* ***Mezza Luna,*** *Place du Forum 1, Tel. 0490-93 24 81.*

Von Benediktinern in den Fels gebaut

Raus aus der Stadt, weg von der Schnellstraße und schon wieder Steine? Kinder, nicht jammern, ihr werdet begeistert sein von der großzügigen Bauweise, von der wundervollen Architektur auf felsiger Anhöhe, von der **Abtei Montmajour** [Route de Fontvieille, Tel. 0490-54 64, montmajor-monuments-national.fr. 17. Juli-Sep tgl. 10-18.30, April-Juni tgl. 9.30-18, Okt-Marz Di-So 10-17 Uhr. Erw. € 7,50, EU-Bürger bis 18 J. frei]. Das Staunen über die Arbeit der Benediktiner-Mönche beginnt schon in der Unterkirche, der mächtigen Krypta, ein robuster Unterbau, um die Abteikirche zu tragen. Von hier führt eine in den Fels gehauene Rampe steil hoch zum Kirchenschiff (1153). Reich an Tiersymbolik sind die korinthischen Kapitelle des Kreuzgangs (12. Jh.). Jedes Tier spielt auf Gefühle der Menschen an, auf den Kampf zwischen Gut und Böse. Welches ist gut, welches böse: Katze, Bär, Esel, Ziege? Egal, sobald das Tier auf eine Konsole gebannt ist, hat es der Mensch unterworfen. Wer findet das menschenfressende Monster, die Taras-

Die Abtei Montmajour birgt so manche Entdeckungen für ihre Besucher

que? Die abscheuliche Mischung, hier halb Drache, halb Löwe, war Schutz für Montmajour, denn sie verschlang alle, die das Rhône-Sumpfgebiet rund um das Kloster durchqueren wollten.

Alpilles, eine pure romantische Landschaft

Nach dem Ort Fontvieille beginnt die **Chaîne des Alpilles**, eine wilde, zerklüftete Kalksteinkette mit grünen Inseln, die Kermeseichen und Kiefern auf kargem Boden Nahrung bieten. Eingerahmt wird die romantische Bilderbuchlandschaft von Olivenhainen, in Ölmühlen wird das beste Öl der Provence gepresst. Mittendrin liegt der touristisch total überlaufene Ort **Les Baux-de-Provence.** Unterhalb des Dorfs ist die sensationelle Licht- und Tonschau Les Carrières de Lumières zu empfehlen (siehe S. 99).

Lange verschollen: die Stadt des Augustus

Neun Kilometer nordwärts wird es römisch, erst 1921 ausgegraben, eine der bedeutendsten römischen Stätten, die **Site Archéologique de Glanum** [Route des Baux-de-Provence, 13210 Saint-Rémy-de-Provence, Tel. 0490-92 23 79. Di-So April-Aug/Sep 10-18.30, Okt-März 10-17 Uhr. Erw. € 7,50, EU-Bürger unter 18 J. frei]. Die Stadt ist eine keltoligurische Gründung, unter Augustus wurden zahlreiche römische Monumentalgebäude errichtet, doch wurde der Ort nach seiner Zerstörung durch Alemannen (260 n. Chr.) verlassen und vergessen. Erinnerungen an das alte Glanum sind unter dem Begriff Les Antiques noch zwei Monumente: der massige Triumphbogen mit gallischen Gefangenen, die von Römern in Ketten abgeführt werden, und das 18 Meter hohe Mausoleum mit Gravuren, die Schlachtszenen zeigen.

Kirchentor mit Aztekenkopf

Die Griechen hatten die Stadt bereits 539 v. Chr. gegründet, die römischen Legionen eroberten sie 120 v. Chr., 49 v. Chr. wurde sie Stadt des römischen Rechts und erhielt den Namen Avenio. Aus der Zeit der Römer ist nur der spärliche Teil eines römischen Theaters übrig geblieben und die Verwandtschaft des Namens mit **Avignon** [Office de Tourisme, Cours Jean Jaurès 41, 84000 Avignon, Tel. 0432-74 32 74, www.avignon-tourisme.com]. Andere Reste aus der römischen Geschichte sollen im Zuge des Umbaus durch die Päpste verloren gegangen sein. Was die Rebellen gegen das Papsttum in Rom aus der Stadt gemacht haben, ist ein Höhepunkt in der provenzalischen Architektur. Vor dem Zug in das Herz Avignons sollten sich die Besucher im Touristenbüro mit Material versorgen und nach geführten Touren zu den Baudenkmälern erkundigen. Wer die Stadt selbstständig erkundigen will, sollte vom Büro aus die lebhafte Rue de la République aufwärts verfolgen und von dort die Place Saint-Pierre suchen, beherrscht von der spätgotischen Fassade der Kirche **Saint-Pierre** [tgl. 9-19 Uhr. Eintritt frei]. Auch wenn im Kirchenschiff

In Avignon wurde der Durchgang zum Palast der Päpste aus Felsen geschlagen

Glasfenster und der vergoldete Chor (8. Jh., 1358 rekonstruiert) reizen, die jungen Besucher bleiben vor dem Portal stehen. Rätsel gibt der obere Teil der Portaltüren auf: zwei geflügelte Putten, die sich offensichtlich unwohl fühlen, in ihrer Mitte ein mit Federn geschmückter Aztekenkopf mit offenem Mund. Drum herum exotische Früchte und Blumen. Erinnerung an die Entdeckung Amerikas?

Die Madonna zwischen den Zinnen

Vorbei geht es nun an der Place de la Mirande mit den Resten des römischen Theaters, durch den engen Felsenweg, die Rue Peyrollerie, und über die Place Daniel Sorano mit gemalten Filmszenen an der Hausfassade. Dann erreichen wir das **Palais des Papes** [Place du Palais s/n, Tel. 0490-27 50 00, www.palais-des-papes.com. Tgl. März 9-18.30, April-Juni und Sept/Okt 9-19, Juli/Aug 9-20/20.30, Nov-Feb 9.30-17.45 Uhr. Erw. ohne/mit Audioguide € 11/13, Kinder (6-15 J.) € 9/11]. Der größte gotische Palast in Europa, mit Kloster und Privatgemächern der Päpste und Gegenpäpste, mit Prunksälen und Kapellen, verlangt vom jüngeren Volk einiges Stehvermögen. Doch immer wieder neue Aspekte vertreiben die Müdigkeit. Beispielsweise im Hof des Alten Palastes: Wer schafft es, auf einem Foto die goldene Madonna vom Turm der Kathedrale zwischen zwei Zinnen der Mauer zu stellen? Ein Vexierspiel dann im Schlafgemach von Papst Clemens VI. Die Wände sind sehr üppig dekoriert, man sieht vor lauter Bäumen den Wald nicht mehr. Und wer entdeckt das Eichhörnchen?

Schwieriges Spiel, das Platzieren der goldenen Madonna auf der Mauer

Spannende Freskenszenen folgen auch im ersten Turm des Neuen Palasts: Jagd und Spiel, Fischen mit Pfeil und Bogen, mit Kescher, Netz und Angel auf der rechten Seite, links eine Kaninchenjagd, die fliehenden Langohren scheinen zu fliegen. Nicht vergessen werden darf der Aufstieg zum Dach: ein totaler Blick über die Place du Palais mit der alten Börse, über die Dächer bis zur Rhône, zur Pont d'Avignon und zum Riesenrad. Ganz neu im Päpstepalast ist eine Multimediabesichtigung mit innovativem PDA-Audioguide, korrespondierend mit 2-D- und 3-D-Video-Animationen.

Erholung auf dem Boot und im Park

Ein abwechslungsreicher Spaziergang durch mit Kitsch und Souvenirs vollgestopfte Gassen bringt die Gruppe zur **Brücke Saint-Bénezet.** Gleich kommen Text und Melodie der mehrmals vom Hochwasser fortgeschwemmten Bogenbrücke auf die Lippen: „Sur le pont d'Avignon ... l'on y danse touts en rond ...“ Die Bürger der Stadt lächeln über die in Paris erfundenen Verse.

Weil man nie „sur“, also auf der Brücke tanzte, sondern „sous“, nämlich unter den Brückenbögen, als die Brücke noch im Vergnügungsviertel der Île de la Barthelasse endete. Das letzte Stück des Flussübergangs fehlt seit dem 17. Jahrhundert, man hatte es satt, gegen das zerstörerische Hochwasser anzukämpfen. Heute ist der Eingang zur **Pont d'Avignon** in der Nähe der Porte du Rhône am **Tour du Châtelet** [Öffnungszeiten wie Palais des Papes. Erw. € 5, Kinder (6-15 J.) € 4]. Das bessere Bild, die Brücke vom Wasser aus mit Stadtmauer, Kathedrale und Papstpalast im Hintergrund, genießen Schlaumeier bei einer Bootsfahrt mit der **Mireio** [Allées de l'Oulle s/n, Tel. 0490-85 62 25, www.mireio.net. Tgl. April-Juni u. Sep 15/16.15, Juli/Aug 14-18 Uhr jede Stunde, 45 Min. zur Pont d'Avignon und um die Spitze der Insel Barthelasse. Erw. € 8, Kinder (2-8 J.) € 2].
Wer lieber an der frischen Luft hoch über der Stadt im Schatten ausruhen

Die Brücke zum französischen Kinderlied: „Sur le pont d'Avignon“

Bei Päpsten preiswert essen

In folgenden Restaurants sind die Preise noch akzeptabel:
***Bagatelle,** Restaurant und Pizzeria, Allée Antoine Pinay 25, Île de la Barthelasse, Tel. 0490-86 71 35, Tellergerichte ab € 5, Tagesgericht ab € 11.*
***Brasserie le Cintra,** Bar und Restaurant, Cours Jean Jaurès 44, südlich vom Touristenamt, Tel. 0490-82 29 80, tgl. durchgehend, Tagesgericht ab € 12,50, auch Pizza und Eis.*
***La Civette,** Place de l'Horloge 26, Tel. 0490-86 55 84, Tagesgericht ab € 9,20.*
***La Gallia,** Place Carnot 13, südlich von Saint Pierre, Tel. 0490-86 80 46, Ende Aug u. So geschl., französische Küche, auch Hamburger, Tagesgericht ab € 11.*
***Le Lutrin,** Place du Palais 3, Tel. 0490-86 04 13, Kindermenü € 8,50.*

oder mit anderen Kindern spielen will, der besuche den auf einem Felsen angelegten **Jardin du Rocher des Doms** [oberhalb der Kathedrale Notre-Dame des Doms. Tgl. Jan/Dez 7.30-17.30, Feb/Nov bis 18, März bis 19, April/Mai/Sep bis 20, Juni-Aug bis 21, Okt bis 18.30 Uhr. Eintritt frei]. Café mit Eisversorgung, Picknick, Spielplatz, Zierbecken mit Gänsen, Enten und Schwänen, Karpfen und anderen Fischen, schöner Blick über die Rhône und Umgebung.

Tour 8 – Natur pur und der Berg Ventoux

Carpentras • D 974 rund um den Mont Ventoux • Bédoin • Tal des Groseau • Malaucène

Wo: im Nordosten des Départements Vaucluse – Wie: mit dem Auto, für Sportliche streckenweise auch mit dem Mountainbike oder Rennrad – Dauer: Tagestour – Nicht vergessen: Sonnenschutz, Windjacke, Kamera, Mittel gegen Reiseübelkeit, Pflanzenbestimmungsbuch, Picknick und leere Wasserflaschen

Die Bergtour ist auf Naturschönheiten ausgerichtet und auf das Erlebnis Flora und Fauna. Auf der Strecke gibt es wenige Raser, man kann die Fahrt also gemütlich angehen. Weil viele Radsportler unterwegs sind, wird auf Straßenschildern für Harmonie zwischen Motortouristen und Radlern appelliert. Das funktioniert recht fair. Es sind zahlreiche Parkbuchten vorhanden, vor allem jene mit Informationstafeln sollten als Familientreff bestimmt werden. Da gibt es viele Fragen und viel Wissen. Und daran denken: Im Biosphärenreservat geht es hoch bis auf 1.912 Meter, dort pfeift der Mistral, ein kalter Wind von den noch höheren Bergen.

Ein guter Startpunkt ist das lebhafte **Carpentras** [Office de Tourisme, Place du 25. Août 1944 Nr. 97, 84200 Carpentras, Tel. 0490-63 00 78, www.carpentras-ventoux.com]. Wer vom Nordosten kommt,

Auch in Carpentras sprudelt gutes Trinkwasser aus den Brunnen

fährt unter dem stattlichen Aquädukt hindurch, häufig fälschlicherweise den Römern zugeschrieben (siehe Kasten S. 68). Tatsächlich römisch dagegen ist der Triumphbogen Arc de Carpentras (1. Jh. n. Chr.) hinter dem Justizpalast, im Winkel mit der Kathedrale. Auf seiner Ostseite sind zwei mit Ketten an einen Pfahl gebundene Gefangene zu sehen. Der eine mit Fell bekleidet, sicher ein Germane, der andere mit knielangem Gewand und Kapuze, vermutlich ein Orientale, ein Armenier oder Parther.

Ein paar Ecken weiter steht man vor dem spätgotischen Südportal der **Kathedrale Saint-Siffrein** [Di-Sa 7.30-12 u. 14-17 Uhr, Eintritt frei], einer Hallenkirche mit seit-

Highlight ist der Wochenmarkt an der Porte d'Orange mit tollen Angeboten

lichen Kapellen. Von den Einheimischen wird die Pforte Porte Juive, Judenportal, genannt. Der Grund: Die Juden, die zum Christentum konvertierten, wurden durch diesen Eingang zur Taufe geführt. Bis heute hat die Stadt ein harmonisches Verhältnis mit den jüdischen Mitbürgern. Das führt weit zurück bis zur Asylpolitik der päpstlichen Kurie, die den von Philipp dem Schönen (1268-1314, König von Frankreich und Navarra) verfolgten Andersgläubigen Asyl gewährten. Heute sind 24 Familien Mitglied von Frankreichs ältester **Synagoge** [Place Maurice Charretier, 84200 Carpentras, www.synagoguedecarpentras.com. Mo/Mi 10-12 u. 15-17, Di/Do 9-12 u. 14-17, Fr 10-12 u. 14-16 Uhr. Erw. € 5, Kinder (bis 16 J.) Eintritt frei].

Wer es einrichten kann, sollte Carpentras am Freitag besuchen. Beginnend an der Port d'Orange zieht sich der Wochenmarkt über die gesamte Altstadt. Es geht dort sehr orientalisch zu, und wer die Augen offenhält, kann sich bei den arabischen und türkischen Händlern besonders preiswert mit Obst und Gemüse eindecken sowie duftende Gewürze, Oliven, und sauer Eingelegtes einkaufen.

Heiliger Berg mit weißem Gipfel

Die Mont-Ventoux-Tour beginnt beim Aquädukt auf der **D 974**, die den Ausflug rund um den heiligen Berg begleiten wird. Schon aus der Ferne ist der weiße Kegel zu erkennen, es sieht aus, als hätte es geschneit. Erster Halt ist im Ort **Bédoin**, beliebte Station vieler Radfahrer, für die sogar spezielle Velomenüs angeboten werden (siehe Kasten r.). Nach zahlreichen Weingärten beginnt der Aufstieg, für Radfahrer eine besondere Herausforderung, auch weil es auf dieser

Wichtig für die Landwirtschaft

*Entgegen manchen Berichten ist der **Aquadukt von Carpentras** nicht römischen Ursprungs, sondern wurde erst 1745 eingeweiht. Er überspannt mit 47 Bögen 631 Meter, ist 23 Meter hoch und Teil des nach der Stadt benannten Kanals. Der hat eine Länge von 69 Kilometern, zusammen mit den vielen Nebenkanälen beträgt das Wassernetz sogar 725 Kilometer. Bewässert werden damit 10.600 Hektar Landwirtschaft zwischen dem Mont Ventoux, den Flüssen Durance und Rhône sowie im Osten den Bergen des Vaucluse und des Luberon.*

Pizza gefällig?

Wer sich vor der Bergtour noch stärken will, findet in Bédoin viele Restaurants, Bars und Pizzerien. ***Pizza Phil*** *in der Ortsmitte (Le Cours s/n, Tel. 0490-28 11 85, Mo abends geschl.) hat 39 Sorten ab € 8,50 im Angebot. Das Velomenü (Pasta, Getränk, Kaffee) kostet € 9, Omelette gibt es ab € 7.*

Strecke keine von der Fahrbahn getrennten Radwege gibt. Nur gelegentlich spenden Kiefern, Zedern und Steineichen etwas Schatten. Am Haltepunkt Le Pin à Crochets sollte man ein Bäumebestimmungsbuch dabeihaben, denn hier sind die wichtigsten Kiefernarten versammelt (siehe Kasten r.). Auf Tafeln ist zu erfahren, dass der kleine und seltene Raufußkauz (Chouette de Tengmalm) ein gern gesehener Gast des Waldes ist, einer seiner Feinde hingegen ist der Kiefernborkenkäfer (Sténographe), der in Holz oder Rinde Eier ablegt. Die Larven ernähren sich dann vom Saft der Bäume.

Der Ehrgeiz sitzt mit im Sattel

Auf dem Weg nach oben fallen immer wieder Urlauber mit Kamera auf. Sie warten auf ihren Amateur-Radfahrer, der sich keuchend und schwitzend die Bergstraße aufwärts quält. Auf den letzten Metern will er sein verzerrtes Gesicht etwas entzerren – für ein gelungenes Foto. Dann fällt er vom Rad, direkt vor die Füße der Wartenden, die ihm sogleich auf die Beine helfen. Die Profifotografen hingegen haben eine Stelle mit eindeutig erkennbarem Hintergrund gewählt, drücken ab, rennen dem Radler hinterher und stecken ihm die Geschäftskarte in die Gesäßtasche oder den Hosenbund. Frühestens am Chalet Reynard in 1.424 Meter Höhe (Hotel, Restaurant und Snackbar) trifft man sich. Wer nur Trinkwasser tanken will, findet neben dem Chalet einen entsprechenden Brunnen.

Gegen Ende der Strecke fallen auf die Straße gemalte Hinweise, Höhenmeter usw., auf. Sie stammen noch von der letzten Tour de France, der **Mont Ventoux** ist eine berühmte Teilstrecke des Wettbewerbs. Es gab auch Todesfälle, unter ihnen manche Rad-Amateure. Nach Angaben der Behörden sterben

Das Nadelbaum-Tohuwabohu

Am Mont Ventoux sind zahlreiche ***Kiefernarten*** *versammelt. Bis 1836 total abgeholzt für den Bau von Seeflotten, für Brennholz und Holzkohle, wurden die Hänge ab 1858 (Südhang) und um 1900 (Nordhang) wieder aufgeforstet – mit einer Vielfalt von Arten. So gibt es heute vor allem Schwarz-, Berg-, Aleppo-, Strand- und die Gemeinen Kiefern, bei uns als Föhre bekannt. Die Kiefer wird häufig auch Pinie genannt von lat. pix, was Pech bzw. Baumharz bedeutet. Im Deutschen wird nur die Pinus pinea, die Schirmpinie von der Bezeichnung Kiefer getrennt.*

An der Groseau-Quelle kann sich die Familie von der harten Ventoux-Tour erholen

auf dem Weg nach oben jährlich 10 bis 20 Sportler durch Überforderung oder Unfälle. Sollten in der Familie Radfahrer sein, die unbedingt ein Stück Ventoux-Qual auf sich nehmen wollen, dann am besten auf der Nordseite ein bescheidenes Stück auswählen. Diese Strecke ist auch sicherer, denn vom Gipfel bis nach Malaucène gibt es einen breiten Radweg. Der toskanische Dichter Francesco Petrarca (1304-1374), der 1336 den Mont Ventoux bestieg, was als Anfang des Alpinismus betrachtet wird, hat den Berg noch bewaldet erlebt. Das weiße, von Weitem sichtbare Gipfelfeld stellt sich heute als pflanzenloses Kalkschotterfeld heraus. Ohne Wiederaufforstung könnte der ganze heilige Berg in sterilem Weiß in die Umgebung leuchten. Wie weit, lässt sich bei gutem Wetter mit bloßem Auge feststellen: bis zum Mittelmeer, bis zu den Gipfeln der Alpen und Pyrenäen. Vorsicht beim Aussteigen, der Mistral reißt die Autotür aus der Hand, Windjacke anziehen und schnell ein Erinnerungsfoto an der steinernen Kapelle schießen.

Hier rasteten schon die Kelten

Die für die Abfahrt gewählte Nordseite des Bergs begeistert Naturfreunde, versammeln sich hier doch Pflanzen aus allen Klimazonen, sogar der Grönlandmohn mit seinen schwefelgelben Kronblättern auf rötlichen Stängeln. Auch der blaue Enzian, die rote Spornblume und das aus der Orchideenfamilie Bleiche Knabenkraut, wie der Name schon sagt nicht dunkelviolett, sondern in hellem Gelb. Mehr über die Pflanzenwelt im Biosphärenreservat lesen Sie im Kasten rechts. Viele in Malaucène gestartete Radsportler keuchen nach oben. Autofahrer müssen nicht mehr die Straße

Geschützt im Biosphärenreservat

Für Hobbybotaniker hier noch ein paar wichtige ***Blumen auf dem Mont Ventoux:*** *Gegenblättriger Steinbrech (Saxifraga oppositifolia), in Kissen vorkommend, Blüte rosa bis purpur; Silber-Mannstreu oder Edeldistel (Eryngium spinalba), stechend, Staude mit blauen Blüten; Zottiger Mannsschild (Androsace villosa), behaart, weiß-rötliche Blütenblätter, gelbroter Schlund; Narzissen-Lauch (Allium narcissiflorum), glockenförmige, purpurrote Blüten; Alpen-Leinkraut (Linaria alpina), mehrere Blüten eng zusammenstehend, violette Krone, orangegelbe Unterlippe; Narbonne-Lein (Linum narbonense), fünf hellblaue, geäderte Blütenblätter; Stern-Anemone (Anemone hortensis) mit lila Blütenblättern.*

mit ihnen teilen, die Cycliste haben ihre eigene breite Radspur auf der Bergseite. Weit unten liegt das **Tal des Groseau,** dem Sie wieder am Fuße der Bergstrecke, etwa zwei Kilometer vor Malaucène begegnen. Rechts ein Platz wie im Märchen, die **Source Vauclusienne du Groseau,** die Quelle des Groseau. Unter einer mehr als 100 Meter hohen Steilwand sprudeln drei Wasserstrahlen in ein Becken und von dort in einen kleinen See, garniert mit Linden, Kirschbäumen, Ahorn, Kiefern und Kastanien. Bestes Trinkwasser gibt es hier direkt von der Quelle und gleich nebenan einen Picknickplatz. Wanderer, was willst du mehr? Bei der Quelle handelt es sich um ein keltisches Heiligtum, sie war ihrem Gott Grasélos und seinen Nymphen, den Grasélides, gewidmet, zuständig für die Gesundheit. Die Heilkraft des Groseau-Wassers soll noch im Mittelalter Pilger an diese Stelle gelockt haben. Das ist genau der richtige Platz für die Kinder, um sich auszutoben: Fangenspiele rund um den See, Verstecken hinter den Bäumen. Und kleinen Mädchen soll es gelingen – so sagt man –, mit zugekniffenen Augen unten im See die zierlichen Nymphen Ringelreihen tanzen zu sehen. Zum Schluss ist noch ein Besuch des hübschen Orts **Malaucène** zu empfehlen. Hier erfolgt ein Bummel durch die Gassen der Altstadt als Abschluss einer Reise rund um den heiligen Berg Ventoux, den schon die Kelten verehrten. „Went“ sagten die Altkelten, was übersetzt einfach nur „Berg“ hieß.
D e r Berg eben.

Frisch aus der Quelle schmeckt das Trinkwasser am besten

Tour 9 – Steinerne Dörfer, Ocker und Lavendel

Fontaine-de-Vaucluse • Coustellet • Gordes • Village des Bories • Roussillon • Gargas • Apt • Colorado Provençal de Rustrel

Wo: östlich von Avignon zwischen dem Plateau de Vaucluse im Norden und der Montagne du Luberon im Süden – Wie: mit dem Auto, zwischendurch Wanderungen – Dauer: Tagestour, ca. 80 km, viele Nebenstraßen – Nicht vergessen: festes Schuhwerk, Kopf- und Nackenschutz, Wanderstöcke, Kamera, Zeichenblock und Aquarellfarben, ausreichend Wasser

Nicht zu übersehen ist das moosbewachsene Mühlrad an der Sorgue

Spitze Steinhütten (Bories), Trockenmauern (Restanques), Bummelorte, lila Lavendelfelder und gelbe bis rote Ockerberge begleiten die abwechslungsreiche Tour. Um keine großen Umwege zu machen, braucht man eine sehr gute Straßenkarte. Es hilft, bei jedem Stopp das nächste Ziel zu besprechen und Notizen zu machen. Für Spätaufsteher: Wenn die Zeit für alles nicht reicht, sind die Ockerplätze auch ein interessanter Extraausflug: Colorado Provençal de Rustrel, Gargas und Roussillon.

Größte Süßwasserquelle

Die Lavendel-Ocker-Reise kann natürlich an jedem Ort beginnen. Wir starten östlich von Avignon in **Fontaine-de-Vaucluse** [Maison de Tourisme, Résidence Jean Garcin, Rive gauche de la Sorgue, 84800 Fonaine-de-Vaucluse, Tel. 0490-20 32 22, www.oti-delasorgue.fr]. An der Brücke fällt ein Mühlrad auf, das vom Wasser der Sorgue getrieben wird, deren Quelle, die größte Europas, 600 Meter höher aus einem Felsen tritt. Der Fluss betreibt auch heute noch die Papiermühle **Vallis Clausa** [Chemin de la Fontaine s/n, 84800 Fontaine de Vaucluse, www.moulin-vallisclausa.com. Mo-Sa 9/9.30/10-12.30 u. 14-18.25, Juli/Aug 9-19.30, So/Feiertag ab 10 Uhr. Eintritt frei]. Man kann bei der Produktion handgeschöpften Papiers zuschauen, in der Boutique schönes Bütten kaufen.

Eine weitere Sehenswürdigkeit ist das **Musée du Santon** [Place de la Colonne s/n, Tel. 0490-20 20 83. Tgl. 10-18 Uhr. Erw. € 5, Kinder (ab 5 J.) € 2,50]. Mehr als 2.000 Krippenfiguren aus Ton, aber nicht nur Krippen, auch traditionelle Dorfszenen mit Handwerkern lassen die Augen glänzen. Suchspiel für Kinder: Wer findet die 39 Figuren in einer Nussschale?
Die Säule an der Place de la Colonne erinnert an den italienischen Dichter **Francesco Petrarca** (1304-1374), der in seinem Wohnhaus die unerfüllte Liebe zu Laura de Noves, Frau von Hugues de Sade, in Sonetten verewigte [Musée-Bibliothèque Pétrarque, linkes Sorgueufer. April/Mai 10-12 u. 14-18, Juni-Sept 10-12.30 u. 13.30-18, Okt 10-12 u. 14-17 Uhr. Erw. € 3,50, Kinder (12-16 J.) € 1,50, unter 12 J. frei].

Lavendelöl gegen Ungeziefer

Wer von Süden kommt, sollte zuerst, immer vorbei an kunstvollen Trockenmauern (ohne Mörtel gemauert),

Kindermenü auf der Terrasse

*Fontaine-de-Vaucluse ist ein touristischer Ort, entsprechend teuer sind die Bars und Restaurants. Sehr preiswert ist **Les Terrasses** (Chemin de la Fontaine, neben der Place de la Colonne, teurer, aber besser ist **Chez Dominique,** Place de la Colonne 6, Tel. 0490-20 33 26, Panorama-Raum im 1. OG, hervorragender Service.*

Die Tonfiguren-Magali

*Zwei Kilometer nördlich von Fontaine-de-Vaucluse geht ein Weg rechts ab zum Gehöft **La Crémade.** Dort fertigt Magali Mille-Montagard Tonfiguren nach traditioneller Art wie vor 200 Jahren: selbst gegrabener Ton und selbst gemachte Naturfarben, die Figürchen in der Sonne getrocknet. Magali ist täglich 14-18 Uhr in ihrer Werkstatt anzutreffen, kleine Santons gibt es bereits ab € 8, Tel. 0490-61 64 74.*

Coustellet besuchen. Dort informiert zur Einführung in die Lavendelstrecke mit Führung, Ausstellung und Film das **Musée de la Lavande** [Route de Gordes 276, 84220 Coustellet, Tel. 0490-76 91 23, www.museedelalavande.com. Tgl. Feb-April u. Okt-Dez 9-12.15 u. 14-18, Mai-Sep 9-19 Uhr. Erw. € 6,90, Schüler € 5,80, Kinder (bis 15 J.) frei]. Die Besucher lernen den Unterschied zwischen Echtem Lavendel (Lavande) und dem in der Industrie verwendeten Speiklavendel (Lavandin) kennen, erfahren, wie das ätherische Öl durch Destillation gewonnen wird. Im Laden werden Duft- und Heilmittel verkauft und Tipps gegeben: z. B. zur Vorbeugung von Läusen ein Tropfen hinter die Ohren, gegen Sonnenbrand und Insektenstiche zum Einreiben. Nördlich von Coustellet liegt das prächtige, an einen Steilhang gegossene **Gordes** [Tourist Office, Place de Château s/n, 84220 Gordes, Tel. 0490-72 02 75, www.gordes-village.com]. Bei dem Titel

„Schönstes Dorf Frankreichs“ ahnt man schon die gemütlichen Gassen, Arkaden, alten Häuser, Stadtmauern, gedeckten Passagen und Eisdielen. Über der Schönheit liegen das monumentale Schloss und die Kirche. Man sollte mehr Zeit für das Städtchen haben, doch die Kinder drängeln, sie haben Bilder vom Steinhäuserdorf, dem **Le Village des Bories**, gesehen, einem Freilichtmuseum, in dieser geballten Zusammensetzung einmalig auf der Welt. Es ist ein Clou dieser abwechslungsreichen Rundtour (siehe S. 95).

Rothäute auf der Ockerpirsch

Die erste Ockerattraktion ist östlich von Gordes das ebenfalls zu den schönsten Dörfern Frankreichs zählende **Roussillon** [Place de la Poste s/n, 84220 Roussillon, Tel. 0490-05 60 25, www.roussillon-en-provence.fr]. Schon das harmonische Ortsbild bekennt sich zu dem Mineral: Alle Fassaden sind mit blassem Ocker verputzt. Zur eigenwilligen Gestaltung passt die Stimmung in den Gassen und Treppenaufgängen mit Bars und Boutiquen, Künstlern und Kunsthandwerkern. Doch die spezielle Zugnummer ist der Spazierweg durch die Ockersteinbrüche, der **Sentier des Ocres** [im Ort deutlich ausgeschildert. Bei gutem Wetter tgl. April-Sep 9.30-18.30, im Winter 11-15.30 Uhr. Erw. € 2,50, Kinder (bis 10 J.) frei]. Die Vielfarbensymphonie von Gelb bis Tiefrot wird ergänzt durch die pittoreske Gestaltung der Felsblöcke, Reste eines früheren Steinbruchs. Star bei den Hobbyfotografen sind die gar nicht so spitzen „Nadeln des Feentals“, die Aiguilles du Val des Fées. Ocker mitzunehmen ist strengstens verboten, anfassen aber wohl nicht, wie die roten Hände und Farbspuren im Gesicht der Kinder und auch mancher Erwachsenen beweisen. Ein bisschen schrubben muss man, um den Blattsaft abzubekommen.

Das beschauliche Dorf Roussillon fällt durch seine roten Häuserfassaden auf

Ocker aus der Unterwelt

Auf der Weiterfahrt liegt nördlich von Gargas gut ausgeschildert die nächste Ockerattraktion am Weg: **les Mines de Bruoux** [Route de Croagne s/n, 84400 Gargas, Tel. 0490-06 22 59, www.minesdebruoux.fr. Mitte März-Mitte Nov nur nachmittags u. Nov 10-12.30 und 13.30-17, sonst 10-18, Juli/Aug 10-19 Uhr, Führungen in Gruppen alle 30 Min., Führung auf Deutsch Juli/Aug 10 Uhr, weitere Termine und Online-Buchung Tel. s. o., Dauer der Führung 50 Min. Erw. € 8,10, Schüler € 6,50, Kinder (bis 6 J.) frei, Familien (ab 3 Kindern) € 27].

Im Gegensatz zum Tagesabbau im Colorado Provençal de Rustrel (s. S. 76) wurde in Bruoux der Ockersand unterirdisch gefördert. Vor dem Eintauchen in die Unterwelt bekommen alle einen Helm, eine Jacke sollte im Gepäck sein, es hat da drinnen nämlich nur 10 °C. Ein aus dem roten Fels gehauenes, zehn Meter hohes Tor (s. S. 29) verschlingt die Gruppe. Fotografieren ist verboten, die bis zu 15 Meter hohen Galerien fressen sowieso jedes Blitzlicht auf. 40 Kilometer Tunnel haben die Ockerarbeiter zwischen 1884 und 1950 in den Berg getrieben, 640 Meter sind für Besucher geöffnet.

Einst wichtige Industrie

Im Südosten von Gargas lohnt sich ein Stopp – hallo, Naschkatzen! – in der Stadt der kandierten Früchte, in **Apt** [Office de Tourisme, Avenue Philippe de Girard 20, 84400 Apt, Tel. 0490-74 03 18, www.luberon-apt.fr]. In der **Cathédrale Sainte-Anne** [15. Apr-15.Nov Di-Sa 9-13 u. 15-18, sonst 10-12 u. 14-17 Uhr, Führungen € 2] ist vor allem das Büstenreliquiar der heiligen Anna, Schutzpatronin

Woher kommt Ocker?

Als vor 200 bis 120 Mio. Jahren die Provence vom Meer bedeckt war, bildeten sich im Wasser Kalkschichten, auf ihnen grüne Körner (Glaukonit). Nach dem Rückzug des Meers verwandelte sich das Glaukonit durch Regenwasser in ockerartiges Material: 80 % Sand und 20 % Ocker. Ocker besteht aus weißem Ton (Kaolinit) und dem farbgebenden Eisenhydroxid. In Fabriken setzten sich durch Wasserspülung und in Klärbecken Sand und Tonerde ab. Die Ockerpigmente wurden getrocknet, sobald sie knetig waren, in Stücke geschnitten. Dann wurde ihnen in Öfen das Restwasser entzogen, sie wurden gemahlen in Säcke abgefüllt. Ockerpigmente (griech. ochras = gelbe Erde) wurden einst für Körperschmuck und Höhlenmalerei benutzt.) Für manche Gemeinden war der Ockerabbau Einnahmequelle Nummer 1. Verwendet wurde das lichtechte und wetterbeständige Bindemittel Ocker für die Eindickung von Kautschuk, für Fahrradschläuche und die Herstellung von Linoleum. Mit der Einführung neuer Produkte ging das Geschäft mit Ocker nieder. Heute werden die Pigmente für Anstriche und Verputze, Kosmetik sowie in der künstlerischen Malerei verwendet.

der Fruchtbarkeit, Ziel der Gläubigen. Wer an der Landschaft des Höhenzugs Luberon, seinen Dörfern und seiner Geologie Interesse hat, bekommt ausreichend Material, unter anderem auch Wandervorschläge, in der **Maison du Parc naturel régional du Luberon** [Place Jean Jaurès 60, Tel. 0490-04 42 00, www.parcduluberon.fr. Mo-Fr 8.30-12 u. 13.30-18 Uhr. Eintritt frei]. Über die drei wichtigsten Industriezweige der Region, nämlich kandierte Früchte, die Gewinnung von Ocker und die Herstellung von Fayencen (bemalte Tonware) informiert anschaulich das in einer ehemaligen Fabrik gelegene **Musée de l'Aventure industrielle** [Place du Postel 14, Tel. 0490-74 95 30. Feb-Dez Di-Sa 10-12 u. 14-17.30, Juli/Aug bis 18.30 Uhr. Erw. € 5, Kinder (bis 16 J.) frei]. Spätestens bei den kandierten Früchten läuft einem dann das Wasser buchstäblich im Munde zusammen (siehe Kasten).

Eindrucksvoll: die unterschiedlichen Felsformationen im Ockergebirge

Lecker, lecker, honigsüß

Kirschen, Birnen und andere Früchte werden in eigener Fabrik kandiert oder zu Marmelade verarbeitet in der ***Confiserie Aptunion*** *im Quartier Salignan, Tel. 0490-76 46 66, www.lesfleurons-apt.com. Kandierte Früchte garantiert ohne Konservierungsmittel bietet die* ***Confiserie le Coulon,*** *Quai de la Liberté 24, Tel. 0490-74 21 90, mittags u. So/Mo geschl.* ***Thym Te Voilà*** *ist ein Teesalon, der fantasievolle Kleinigkeiten serviert, Place Saint-Martin 59, Tel. 0490-74 28 25.*

Zum roten Zauberberg

Mitten hinein in das schönste Ockergebiet, den **Colorado Provençal de Rustrel**, führt die D 22 Richtung Osten [im Ort Rustrel ausgeschildert. Parkplatz Les Mille Couleurs mit schattigem Picknickplatz. Im Sommer tgl. 8-19 Uhr. Führung Erw. € 6, Kinder € 3, Gebühr Auto € 5, Campingwagen € 8, € 4 für die Nacht, bei Restaurantbesuch Parken ohne Gebühr]. Es gibt drei Wanderrouten, einen guten Wanderplan händigt der Parkwächter aus oder man holt ihn nebenan in der **Maison du Colorado** [Tel. 0490-04 96 07 oder 0681-86 82 20, www.colorado-provencal.com]. Wegen der sensationellen Blicke auf das Ockergebirge schlage ich die Variante 2 vor: Dauer für 3,8 Kilometer etwa zwei Stunden. Vorab: gutes Schuhwerk anziehen, ausreichend Wasser sowie kleine Snacks zur Stärkung mitnehmen, Kopf und

Nacken vor Sonne schützen. Die Kinder sollten schon etwas trainiert sein und zwischen den Erwachsenen gehen, um diese Tour mit Spaß zu meistern. Vom Parkplatz geht es abwärts, vor dem Bachlauf nach rechts, bald nach links über eine Holzbrücke – immer den Zeichen ACR 2 folgen. Bald führt der schmale Fußweg über Stock und Stein nach oben. Links und rechts ist die Wandergruppe umgeben von einem Wald aus Kiefern, Steineichen, Wacholder und Heidekraut, im Gebüsch Knabenkraut und das liebliche Weiße Waldvögelein, beides Orchideengewächse.

Die Anstrengung ist schnell vergessen, wenn sich auf der rechten Seite das Panorama der **Cheminées des Fées** (Kamine der Feen) vor einem öffnet. Aber Vorsicht, neugierige Kids zurückhalten und nicht zu nah am Rand stehen, denn hier geht es sehr tief hinab. Weiter unten: Bizarre, zackige, gelbe, rote und purpurrote Ockerfelsen, „Gaudí"-Türme (wer kennt den katalanischen Architekten?), und Obelisken zeigen in den Himmel. Einer der Zauberberge hat einen Hut aus festem Stein aufgesetzt, er wird nicht ewig bleiben, denn Erosion, Wind und Regen nagen an den Resten des Ockersteinbruchs, der Mensch hat den Prozess mit der Gewinnung des weichen Steins begonnen und tut ihr Übriges.Nach einer Zeit der Sprachlosigkeit geht die Wanderung weiter, erst hinauf, bald abwärts zu den Steinbrüchen. Auch hier wieder das Naturschauspiel der Ockerriesen, diesmal aus anderer Perspektive. Und hier unten können die jungen Bergsteiger endlich wieder gefahrlos herumtollen. Ocker mitnehmen ist aber verboten!

Umringt vom Duft der Lavendelfelder

Wer die Tour von Süden aus anfährt, sollte ***Bonnieux*** *in die Reise einbauen. Auf der Fahrt dorthin ist die Luft voller Lavendelduft, denn hier beginnen die ersten Felder. Wer eine Kamera hat, ist nicht mehr zu bremsen. Schmetterlinge, Bienen und Hummeln saugen kräftig am Nektar der lila Blütenpracht. Am Rand grasen Schafe, gönnen dem Lavendelfeld keinen Blick, die auf den Blüten sitzenden Duftstoffe schmecken scharf, so ist die Pflanze vor Fressfeinden geschützt. Von der kurvenreichen Straße aus liegt der Ort wie eine Spielzeugstadt am Nordhang des Luberon aufgebaut, markant bekrönt von der Église Vieille, der alten Kirche.*

Im oberen Teil des Orts sollte ein besonderes Museum besucht werden, das ***Musée de la Boulangerie*** *(Rue de la République 12, 84480 Bonnieux, Tel. 0490-75 88 34. Mi-Mo April-Juni u. Sep/Okt 10-12.30 u. 14.30-18, Juli/Aug 10-13 u. 14-18 Uhr. Erw. € 3,50, Kinder (12-16 J. und Erw. (ab 60 J.) € 1,50, (bis 11 J.) frei). Auf vier Etagen wird in der ehemaligen Bäckerei die Geschichte des Brots, des Weizenanbaus, der Müllerei und des Mehlhandels erzählt.*

Tour 10 – Wilde Schluchten, scharfe Kurven

Moustiers-Sainte-Marie • Belvédère de Mayreste • La Palud • Route des Crêtes • Pont de Soleils • Trigance • Pont de l'Artuby • Aiguines

Wo: zwischen den Départements Var und Haute-Provence – Wie: mit dem Auto, kleine Wanderungen – Dauer: viele Aussichtspunkte, mit Badestopp 1 Tag – Nicht vergessen: Badesachen, Picknick, Kamera, Fernglas

Liebhaber wilder Naturschönheiten kommen bei dieser Tour voll auf ihre Kosten. Bis zu 700 Meter tief hat sich der grüne Fluss Verdon im Laufe der letzten Jahrmillionen in den relativ weichen Jurakalk gefressen. An den steilen Felsen frönen wagemutige Kletterer ihrem Hobby. Weit unten schlängeln sich Kajak- und Kanufahrer durch die reißenden Wasserkurven. Wanderer finden Parkplätze mit Tipps für faszinierende Ausflüge. An den vielen Belvédères kommen Kameras und Ferngläser zum Zuge, das ständige Aus- und Einsteigen verhindert Müdigkeit durch langes Fahren. Auch die vielen Kurven, von originell geformten Felswänden geschmückt, sorgen für Abwechslung. Vorsicht: An den Halteplätzen sollen Taschendiebe lauern!

Viele Fayencegeschäfte finden sich in den Gassen Moustiers-Sainte-Maries

Fayence-Künstler und eine krumme Schiffsachse

Start der Canyonreise ist das Städtchen **Moustiers-Sainte-Marie.** In Terrassen baut es sich am Hang vor zwei Felsenriesen auf. Informationen über den Ort und die Verdonschlucht gibt es im **Office de Tourisme** [Place de l'Église s/n, 04360 Moustiers-Sainte-Marie, Tel. 0492-74 67 84, www.moustiers.fr]. Beim Rundgang durch die Gassen begegnet man vielen Fayencegeschäften, die meisten der etwa 20 Kunsthandwerker lassen sich bei der Arbeit über die Schultern schauen. Einen Überblick über die Geheimnisse der Fayenceherstellung (Tonware, mit weiß deckender Zinnoxidglasur überzogen) bietet das **Musée de la Faïence** [Rue du Seigneur de la Clue s/n, Mi-Mo März-Okt 10-12.30 u. 14-18, Juli/Aug bis 19 Uhr. Erw. € 3, Kinder (bis 16 J.) frei, ältere € 2]. Auf allen Wegen durch Moustiers lockt der langobardische

Der Stern von Moustiers

Oft sind es Kinder, die als Erste den zwischen zwei Felsen über dem Ort schwebenden ***goldenen Stern*** *entdecken. Er hängt an einer Kette. Diese ist 135 Meter lang, der Stern hat einen Durchmesser von 1,25 Metern. Die Legende: Der Kreuzritter Blacas soll nach seiner Gefangennahme geschworen haben, der Jungfrau Maria den Stern zu weihen, sollte er sein Dorf je wiedersehen. Blacas kam frei und er hielt sein Versprechen. Wer sich seit Ende der Kreuzzüge um den Stern kümmert, wird im Ort nicht verraten. Kinder (5-12 J.) entdecken auf einer Dorfrallye weitere Geheimnisse von* ***Moustiers.*** *Den Fragebogen gibt es für € 1,50 beim Fremdenverkehrsamt.*

Kirchturm zu einem Besuch des **Gotteshauses** [Place de l'Église s/n. Tgl. 9-19 Uhr]. Es hat eine Besonderheit: Das fünfteilige Tonnengewölbe ist romanisch (12. Jh.), der Chor aber gotisch (1536). Er wurde beim Bau schräg angesetzt. Ein Architektenfehler? Nein, Absicht. Er soll das geneigte Haupt Christi am Kreuz darstellen, sagt die Mesnerin. Für Neugierige: Der Altar ist ein Sarkophag aus weißem Marmor (4. Jh.). Bibelfeste Besucher sollten versuchen, die dargestellte Szene zu erraten.
Lösung: Moses führt das Volk Israel durch das Rote Meer.

Serpentinen, Alpenblick und Heckenrosen

Dann geht es los auf die kurvenreiche Schlucht-Umrundung (83 km und 23 km Corniche des Crêtes), beginnend mit der D 952, der nördlichen Serpentinenstraße. Der Fluss rauscht meistens tief unten, bei jedem ausgebauten Aussichtspunkt lohnt es sich, in die Tiefe zu spähen. Zuerst am **Belvédère de Mayreste**, der 150 Meter Fußweg den hinreißenden Blick hinab auf den Verdon nach bietet. Die Vegetation ist in diesem Bergland karg, Buchsbaum, Pinien und auffallend viele Heckenrosen säumen den Weg. Der erste Ort auf dieser Strecke ist **La Palud.** Hier versorgen sich Wanderer mit Proviant, Ausflügler sitzen unter den Sonnenschirmen der Bars und Restaurants.

Sensationelle Naturwunder

Zum Tagesausflug rund um den volkstümlich „Grand Canyon" genannten Fluss gehört ein Abstecher zur grandiosen **Corniche des Crêtes** (Rundkurs bis 1.324 m Höhe, Länge 23 km). Die Kammstraße (Crête = Kamm) verbindet keine Orte, sie wurde 1973 extra für Besucher erbaut, welche die überwältigenden Naturschönheiten erleben wollen.
Wichtig: In La Palud unbedingt den deutlichen Hinweisen zur Hochstraße folgen, damit die Route im Uhrzeigersinn gefahren wird. Wer entgegengesetzt fährt, muss wieder umkehren, denn der enge, mit bis zu 11 Prozent Gefälle gefährliche Teil der Strecke ist eine Einbahnstraße. Für die Ausflügler eine sichere Regelung, es sei denn, ein paar Motorradfahrer missachten die Vorgabe. Weite Strecken führen direkt am Rand des Canyons vorbei, viele Ausblicke

Besucher des „Grand Canyons“ von Frankreich sollten schwindelfrei sein

sind mit Balkons ausgebaut, man steht direkt über der tiefen Schlucht und bewundert die von Gletschern der Eiszeit glatt geschliffenen Felswände oder die vielfarbigen geologischen Schichten der majestätischen Kalkberge. Nur wer schwindelfrei ist, sollte sich auf die Plattformen wagen, andere lieber weit oben die kreisenden Flüge der Seeadler beobachten.
Wer sich die Füße vertreten möchte, hat dazu beispielsweise am **Belvédère de la Baou** (1.285 m) Gelegenheit: Nur 15 Minuten sind es zur Bergerie du Jas d'Aire mit sensationellem Blick auf schroffe Kalkwände, die Schlucht und die gegenüberliegenden Hochebenen. Der Weg ist am Straßenrand klar beschrieben (französisch).

Gesundheitspolizisten

Je nach Zahl der Stopps ist nach zwei oder drei Stunden wieder La Palud erreicht, mit Fortsetzung der Rundtour um die Verdonschlucht. Schon wieder reizt ein Halt am **Point Sublime** (783 m) mit wichtigen Infos für Naturfreunde. Zum Beispiel über den wieder angesiedelten Gänsegeier (bis 2,80 m Flügelspannweite). Der Vogel mit den zweifarbigen Flügeln und dem gebogenen scharfen Schnabel ist wichtig für die Umwelt. Auch der in geringerer Zahl wieder angesiedelte, etwas größere Mönchsgeier. Die Geier ernähren sich ausschließlich von Aas, reinigen also den Wald und sind somit auch für die Sauberkeit des Wassers verantwortlich. Im

Auf den Spuren der Geier

Die Führer aus ***Rougon*** *wissen, wo die etwa 140 Vögel nisten, und sie haben viel zu erzählen, allerdings zurzeit nur auf Französisch. Zwei Stunden dauert die erlebnisreiche Tour. Man erfährt z.B., dass im Sommer häufig Kälber, Schafe oder Pferde auf den Almen verenden und die Geier mit ihren scharfen Schnäbeln die Kadaver beseitigen, ehe sie in Verwesung übergehen. Führungen: 15. Juni-15. Sep Di/Mi/Fr 9.30/18 Uhr. Anmeldung über Tel. 0626-47 50 00. € 10 pro Pers., Kinder (bis 9 J.) frei. Aktuelle Infos, evtl. bald auch über mehrsprachige Führungen, unter www.voirlepiaf.fr.*

drei Kilometer entfernten Ort **Rougon** befindet sich die Aufzuchtstation der Gesundheitspolizisten, ihr Futterplatz ist hinter der Crêperie Le Mur d'Abeill zu finden. Wer mehr erfahren und den Nistplätzen der nützlichen Vögel näher kommen möchte, kann an einer Führung teilnehmen (siehe Kasten links). Vom Parkplatz Point Sublime aus führt ein Weg nach 15 Minuten zu einem der schönsten Blicke in die Schlucht mit den grünen (hoher Fluorgehalt) Mäandern des Flusses und auf die gewaltigen Felsen, die wohl Nährstoffe für waghalsige Wacholderbüsche bieten. Die Kinder sollten allerdings trittfest sein, der Pfad ist teilweise eng und rutschig.

Felsen und Badelandschaft

Weiter führt die Straße dicht am Rand des Canyons entlang. Die Felsen rücken heran, manchmal hängen sie sogar über dem Weg und verwehren die Sicht auf die nächste Kurve. Hupen ist angesagt. Schließlich weitet sich die Landschaft, eine Flussbiegung bietet sich zur Rast an. Neben der steinernen **Pont de Carajuan** sind Parkplätze zu finden, über die Fußgängerbrücke geht es zum Badeplatz „Les Salons“ mit Picknickareal (siehe S. 28). Nach wenigen Kilometern ist die **Pont de Soleils** erreicht, an dieser Stelle macht die Schluchtenstraße einen Knick nach Süden und hat jetzt die Nummer D 955. Neben der Straße steht eine einsame Bäckerei (siehe Kasten S. 82). Nach sechs Kilometern heißt es aufgepasst: Geradeaus geht die D 955 nach Comps, unsere Tour aber biegt scharf nach rechts ab in die D 90. Die Stelle ist markiert durch einen kleinen Ort mit trutziger Burg: das mittelalterliche **Trigance** mit Blick über den Jabron-Fluss und eine schöne Hügellandschaft. Die Häuser haben dicke Steinmauern, Ausflügler können sich in den Geschäften mit Lebensmitteln versorgen. Oben im Château auf steilem Fels dürfen stolze

Nervenkitzel gesucht! Wagemutige stürzen sich von der Pont de l'Artuby

Ritter und Burgfräulein bei Kerzenlicht im früheren Waffensaal dinieren und anschließend in antiken Gemächern träumen [www.chateau-de-trigance.fr]. Abwärts geht es in Kehren, Kiefern verstellen den Blick auf die Gorge. Wer noch nicht versorgt ist, findet rechts einen Hinweis zur **Ferme de la Colle**, einer Käsefarm [Tel. 0494-67 95 07. Di-So März-Nov 8-11 u. 17-19 Uhr]. Steineichen links und rechts, Buchsbüsche sind eigenartig in der wilden Landschaft zu akkuraten Hecken gestutzt. Dann folgt der wohl beliebteste Aussichtspunkt, die **Balcons de la Mescla.** Von zwei Balkonen fällt der Blick in die bizarre Schlucht, besonders reizvoll durch den Zusammenfluss von Artuby und Verdon. Spätestens hier sollte sich der Familienclan daran erinnern, dass sich diese monströsen Felsblöcke seit mindestens 200 Millionen Jahren unter Wasser aus Sedimenten, abgestorbenen Muscheln und Korallen bildeten und erst zur Kreidezeit (vor 145-65 Mio. Jahren) ans Tageslicht gekommen sind.

Abenteuerliches Ende

Ein paar Kurven weiter zeigt moderne Technik, wie sie die einst unüberwindbaren Täler bezwingt: Die **Pont de l'Artuby** schwingt sich 110 Meter lang elegant über den 182 Meter tiefer liegenden Fluss. Am Wochenende staut sich vor und hinter der Brücke der Verkehr, weil sich hier wagemutige, nach Adrenalinschüben lechzende Extremsportler am elastischen Bungeeseil kopfüber in die Tiefe stürzen.

Die nach der Brücke folgende, erst 1947 gebaute **Corniche Sublime** (corniche = Vorsprung, sublime = wunderbar, überragend) bietet noch einmal eine Zusammenfassung aller Naturwunder der Gegend um den Naturpark Verdon. Steile Felsen begrenzen die Straße, immer wieder tiefe Blicke in die Schlucht. Im 200 Meter langen **Tunnel du Fayet** (943 m Höhe) wurden große Fenster in den Fels geschlagen und geben den Blick auf die Corniche des Crêtes und den 400 Meter weiter unten fließenden Verdon frei. Immer fantasievoller werden die Felsengebilde, manche wie von Riesen aus mächtigen Quadern gebaute Mauern. Erst im hübschen Ort **Aiguines** [Office de Tourisme, Allée des Tilleuls s/n, 83630 Aiguines, Tel. 0494-70 21 64, www.aiguines.com] findet der Fluss Verdon sein Ende und bildet einen großen Stausee, den **Lac de Sainte-Croix**, ein Paradies für Schwimmer und Wassersportler (siehe S. 27). Eine verdiente Abkühlung nach langer Fahrt.

Tradition seit 200 Jahren

Wer sich unterwegs selbst versorgt, zwischendurch mit einem Sandwich den Hunger stillt, kennt den Begriff ***Boulangerie.*** *Eine seit 200 Jahren bestehende Bäckerei am Weg nach Trigance (6 km), kurz nach der Pont de Soleils, ist* ***Le Moulin de Soleils****. Hier kann man mitten in der Ausrüstung einer alten Wassermühle leckere Spezialitäten genießen. Im Laden gibt es belegte Baguettes, allerlei süße Stückchen und würzige Quiches, alles Bio, wie Stella und Michel versichern.*

OK CORRAL
500 M

Parc Alpha

Der Wolfspark liegt in den Alpes-Maritimes auf dem Mercantour-Massiv in 1.500 Meter Höhe, warm anziehen! Bei der Ankunft sind zwei große Kuhställe zu sehen, durch die früher der Bergbach geleitet wurde, um sie zu reinigen. Davor stehen Kinder und streicheln Schafe. Lange sträubten sich die Bergbauern gegen den Park, aus Angst, die Wölfe würden ihre Schafe reißen. Doch die etwa 40 Rudeltiere leben hinter einem Zaun mit genügend Freiheit, die sie brauchen. Einem dunklen Stall ähnelt vor dem Gehege das Chalet de la Forêt, Wolfsgeheul sagt dem Menschen, dass er sich ab sofort in den Gefilden von Meister Isegrim befindet (isen = Eisen, grinen = knurren). Die Spannung steigt, wo lauern die Raubtiere? Von drei Beobachtungsstationen, für Kinder bequem erhöht, ist vor allem die Fütterung ein seltenes Erlebnis. Die Pflegerinnen stehen in respektvollem Abstand, sie haben keine Angst, doch beim Fressen soll man das Alphatier Thor und seine Familie nicht stören. Auf dem sanften Waldweg folgt Station auf Station, um den grauen französischen und den kleineren gelblichen italienischen Wölfen auf die Spur zu kommen. Filme befriedigen die aufkommende Neugier, am Schluss gibt es noch einen technisch raffinierten 3-D-Film mit imaginärer Bühne. Erklärt wird dabei das Leben der Schäfer mit den Wölfen. Denn außerhalb des umzäunten Geheges, auf den Almen, leben immer noch (oder schon wieder) mindestens 150 Graugesichter, die sich in hungrigen Zeiten schon mal ein Lamm zum Abendessen schnappen.

Spannendes Schauspiel: die Fütterungen im Wolfspark

Parc Alpha: Chalet d'Accueil du Boréon, 06450 Saint-Martin-Vésubie, Tel. 0493-02 33 69, www.alpha-loup.com oder Tourist Office, Place Félix Faure s/n, 06450 Saint-Martin-Vésubie, Tel. 0493-03 21 28. Tgl. April-Juni u. Sep-Mitte Nov, Weihnachten/Neujahr, Mitte Feb-Mitte März 10-17, Juli/Aug 10-18 Uhr, Schließung der Parks 1 1/2 Std. vorher. Erw. € 12, Kinder (4-12 J.) und Erw. (ab 60 J.) € 10. Mind. 2,5 Std. einplanen.

***Anfahrt:** Ab Nizza Ausf. Saint-Isidore Nr. 52, RV 6202 bis Plan du Var, rechts auf RD 2265, über Lantosque und Roquebillière bis Saint-Martin-Vésubie, 2 km Ri. Boréon, dann rechts auf die RD 89, danach Hinweise.*

Réserve Biologique

Das Erlebnis ist perfekt, besonders geheimnisvoll bei Nebel: Langsam nähert man sich zu Fuß oder mit der von den Kaltblütern Katar und Sarah gezogenen Kalesche einer Senke, alles ist still, selbst die Plappermäuler stieren mit offenem Mund in die Landschaft. Plötzlich lösen sich zottelige, dickköpfige Bisons aus der Nebelwand, die Überraschung: Gleich daneben befindet sich friedlich grasend eine Herde hellbeiger Przewalski-Pferde, eine Rasse, die fast ausgestorben war.

Abenteuer in der Wildnis

Ein im Gras liegendes Bisonkalb wird schnuppernd begrüßt, auch von den Pferden. Zwei Bisonmachos messen ihre Kräfte. Sie stoßen mit der breiten Stirn aufeinander, Hörner klappern. Mit den Zugpferden kommt man sehr nah an die friedlichen Tiere heran, man kennt sich ja. Mit angehaltenem Atem verfliegt die Zeit. Dann ein Stopp am Waldesrand: Die wilden Pferde stehen auf dem Weg, Katar und Sarah warten, Familie Przewalski hat Vorfahrt, das ist eine Verkehrsregel in dieser intakten Natur. Das Abenteuer wird noch größer, wenn die Familie im Gutshof übernachtet oder noch besser in einer einsamen Écolodge, einem Zelt auf Stelzen. Dann erleben die Freunde der Wildnis außerdem Hirsche und Rehe, Wildschweine, Gämsen und vielleicht erhaschen sie sogar einen Blick auf die scheuen Eurasischen Luchse.

Das Przewalski-Urpferd wäre beinahe ausgestorben

Réserve Biologique des Monts d'Azur: Domaine du Haut-Thorenc, 06750 Thorenc, Tel. 0493-60 00 78, www.haut-thorenc.com. Außer 12. Nov-12. Dez in Schul- und Weihnachtsferien begleitete Safaris zu Fuß und mit Kalesche (je 1,5 Std.) Erw. € 41,90, Kinder (13-18 J.) € 38,90, (4-12 J.) € 21,80, mit Picknick oder Tagesteller. € 24/19/12 Aufpreis. Touren um 10, 11.30, 13.30, 15 und im Sommer auch 18 Uhr. Beste Startzeit 10 und 16.30 Uhr: Tiere kommen an die Tränke.

Anfahrt: *von Grasse auf D 6085 bis Saint-Vallier, r. auf D 5, bei Pont-du-Loup Kreuzung, weiter auf D 5, bei der Einmündung in D 2 nach rechts.*

Marineland

Immer wieder faszinierend sind die Kunststücke der Delfine und Orkas, sogar die Minis hinter ihnen schlendern sich in guter Haltung kerzengerade aus dem Wasser schleudern. Auch die Robben finden Gefallen, vor allem wenn sie das Bassin verlassen und den jungen Zuschauern Wangenküsse geben oder der Mama die Handtasche klauen. Besonders gelehrig sind die Killerwale (Orkas), sie winken, applaudieren, strecken die Zunge heraus, können verneinen und eine Wasserfontäne schießen. Unglaublich prickelnd ist das Hai-Aquarium. Der Besucher läuft durch einen gläsernen Tunnel, über den Köpfen schweben die Haie mit gierigem Maul, nebenan Fischschwärme und platte schwarze Stachelrochen mit dünnem, langem Schwanz, dessen Stachel mit Giftdrüse und Widerhaken schon manchem Taucher gefährlich wurde.

Dem gefährlichen Meeresräuber im Marineland ganz nahe kommen

Ein teurer Spaß

Die Eintrittspreise im Marineland sind sehr hoch. Die Familie sollte also möglichst den ganzen Tag nutzen, um den lustigen Pinguinen zuzuschauen, die anderen Seewasser-Aquarien, die Quallen oder den Spielplatz (6-12 J.) zu besuchen. In den Restaurants und Kiosks der Anlage gibt es Pizza, Hamburger, Crêpes, Hähnchen und natürlich auch Eis. Will die Familie zur Abwechslung einmal selbst im Wasser toben, bietet das benachbarte ***Aquasplash*** *25 Attraktionen mit 2.500 Metern Wasserrutschen für alle Altersklassen. Und wer dringend Ruhe braucht, findet abseits vom Trubel die gemütliche Espace VIP zum Zurücklehnen. Aquasplash: Mitte Juni-Anf. Sep tgl. 10-19 Uhr. Kombiticket mit Marineland € 54,90/44.*

Marineland: Avenue Mozart 306, 06600 Antibes, Tel. 0493-33 49 49, www.marineland.fr. Tgl. Mitte Feb-Anf. April u. Anf. Nov-Anf. Jan 10-18, Mitte April-Juni, Sep u. Ende Okt-Anf. Nov 10-19, Juli/Aug 10-23 Uhr. Erw. € 39,90, Kinder (3-12 J.) € 32, Familien pro Pers. € 4 Ermäßigung, Buggy € 5/Tag.
Anfahrt: *Ausfahrt Antibes Nr. 44, Ri. Sophia Antipolis, gut ausgeschildert.*

Etwas beängstigend, aber spannend ist ein Besuch im Gefängis Fort Royal

Insel Sainte-Marguerite

Hier spürt man gleich die gute frische Luft, eine ursprüngliche Natur. Wer mehr Zeit hat, findet kleine Sandstrände. Trotzdem ist der Besuch des Fort Royal (17. Jh.) unumgänglich. Archäologisch Interessierte entdecken im Meeresmuseum Amphoren, Krüge, Keramik und Öllampen aus römischen und sarazenischen Wracks. Zum gehobenen Handelsgut gehören auch Haselnüsse, Datteln und Getreide. Wer sich gruseln will, macht einen Streifzug durch die Gefängniszellen, entdeckt die unfreiwilligen Domizile z. B. von sechs Hugenotten, französischen Protestanten, die wegen ihres Glaubens hier lebenslänglich einsaßen (1689-1725). Am spektakulärsten aber ist die Zelle des „Mannes mit der eisernen Maske“, von Alexandre Dumas in seinem Roman beschrieben. Der Gefangene soll Zwillingsbruder von Ludwig XIV. gewesen und wegen des gleichen Aussehens gegen den König von Frankreich ausgetauscht worden sein. Der Putsch misslang, das Gesicht des Prinzen wurde hinter einer eisernen Maske versteckt und er litt elf Jahre im Fort Royal. Das Bild in der Zelle stammt vom Maler Jean Le Gac (*1936). Wer die Insel länger genießen möchte, findet eine Jugendherberge (siehe S. 109).

Musée de la Mer: Fort Royal, 06400 Île Sainte-Marguerite, Tel. 0493-38 55 26. Juni-Sep tgl. 10-17.45, April/ Mai Di-So 10.30-13.15 u. 14.15-17.45, Okt-März Di-So 10.30-13.15 u. 14.15-16.45 Uhr. Erw. € 6,50 Kinder (bis 18 J.) und Studenten bis (26 J.) frei.
Anfahrt: *Fähre ab Port de Cannes, Quai Laubeuf, ab 9 Uhr 10 mal am Tag, Fahrtdauer 7 Min., Hin und zurück Erw. € 13,50, Kinder (5-10 J.) € 9.*

Le Village des Tortues

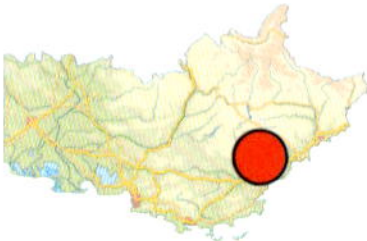

In diesem großen Areal sind sie alle vertreten, die Riesen und die Minis, die Strahlenschildkröte aus Madagaskar, die Breitrandschildkröte, die größte Europas. Diese Reptilien gab es schon vor 220 Millionen Jahren. Und jetzt sind viele vom Aussterben bedroht. Im Dorf gezüchtete Arten sollen in ihrer Heimat wieder angesiedelt werden. Der Park hat auch eine Klinik, jährlich werden bis zu 300 verletzte Tiere bei Hermann und seinem Team abgeliefert. Das größte Erlebnis ist jedoch, den Alltag der Schildkröten zu erleben, von der Zeugung bis zum stillen Rückzug des Weibchens, das sich in die Erde eingräbt, um Eier zu legen. Für Kinder gibt es viele Ratespiele, wie viele Eier sie legen, wie schwer und wie alt die Tiere werden können. Die Antworten werden nicht verraten, einfach mitmachen und staunen.

Die Schildkröte ist ein wahrer Überlebenskünstler

Le Village des Tortues: Quartier les Plaines, 83590 Gonfaron, Tel. 0494-78 26 41, www.villagetortues.com. Tgl. im Sommer 9-19, im Winter 9-18 Uhr. Erw. € 5, Kinder (5-16 J.) € 3. Rundgang etwa 90 Min.
Anfahrt: *auf der Autoroute A 8 (Marseille–Nizza) bis Ausf. Toulon-Le Luc, auf der D 97 10 km südl. bis Gonfaron, dort kleines Sträßchen nach Osten, ab dort Hinweise.*

Ein botanisches Abenteuer

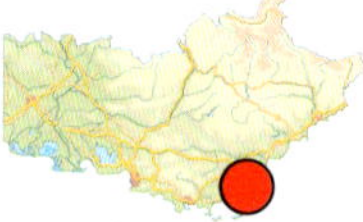

In eineinhalb Stunden können Naturfreunde die Hügel und Täler der Rayol-Gärten durchstreifen. Die Pflanzenwelt von den Kanaren über Kalifornien bis Neuseeland und Südafrika ist hier versammelt, im Westteil dominieren die Pflanzen des Mittelmeerraums. Um den grünen Spaziergang noch kurzweiliger zu gestalten, halten wir bei jenen mit rätselhaften Namen an. Im kanarischen Garten, gleich am Anfang des Rundgangs, begegnen Sie der Baumwolfsmilch, bei der weiße, dicke Milch herausquillt, wenn die Rinde verletzt wird. Wolfsmilch wegen des „beißenden“, oft giftigen Milchsafts der Pflanzen. Im kalifornischen Garten verrät der Judasbaum seinen Namen erst, wenn die Blüten abgefallen sind, wenn die runden Blätter an Silberstücke erinnern. Klingelt's? Genau: Judas, Verrat, Silberlinge. Im selben Garten wirft der Bärenklau im Sommer die Blätter ab, um wenig Feuchtigkeit zu verbrauchen. Achtung, neugierige Kinder: nicht berühren, giftig!

Alles rund um die Botanik

Natürlich gibt es im australischen Garten eine seltsame Pflanze namens Kängurupfote, deren bizarre Blüte die Form eines Beuteltierfußes hat. Gleich nebenan eine Pflanze, deren Samenverbreitung durch Buschbrand ausgelöst wird, der Zylinder- oder Flaschenputzer erinnert an Flaschenbürsten. Im mediterranen Garten hängen essbare Schoten vom Johannisbrotbaum herab. Johannes der Täufer soll sich in der Wüste unter anderem von den Früchten dieses Baums ernährt haben. In derselben Klimazone blüht und gedeiht der Oleander, dessen Name von den griechischen Wörtern „olea" für Öl und „andreios" für stark, kräftig abstammt. Wieder Finger weg, der ölige Saft ist giftig! Bleiben wir beim Pflanzenreichtum rund um das Mittelmeer. Die gelben Blüten der Silberakazie werden oft Mimosen genannt (siehe auch S. 40). Ihr deutscher Name „Sinnpflanze" kommt daher, dass sich die Blätter bei Berührung oder Erschütterung schnell zusammenziehen. Und auch die „empfindsame Mimose" ist bei uns geläufig. Kümmern wir uns noch um die in der Mittelmeermacchie häufigen Zistrosen. Früher machte man aus ihren Ölen das Harz Labdanum für Räucherwerk und medizinische Salben. Obwohl die zerknitterten Blüten denen der Heckenrose ähneln, geht es hier nicht um Rosen, der botanische Name wurde aus dem lateinischen Begriff Cistus gebildet. Die Botanik kann verwirrend sein – aber sie ist wunderschön.

Domaine du Rayol, Le Jardin des Méditerranées: Avenue des Belges s/n, 83820 Rayol-Canadel-sur-Mer, Tel. 0498-04 44 00, info@domainedurayol.org, www.domainedurayol.org. Tgl. ab 9.30, Jan-März u. Nov-Dez bis 17.30, April-Juni u. Sep-Okt bis 18.30, Juli-Aug bis 19.30 Uhr. Erw. € 10,50, Kinder (6-17 J.) € 7,50, Familien (2 Erw. + Kinder unter 18 J.) € 25, Audioguide € 3. Das Programm „Die Füße im Wasser" eignet sich schon für Kinder ab 4 J.: 90 Min. Wasserbotanik in Shorts, T-Shirt und Badeschuhen, Mai/Juni Mi 10.30/15, Juli/Aug Mi/Fr 10.30/16.30 Uhr. Erw. € 13, Kinder (4-12 J.) € 10.
Anfahrt: *an der D 559 zwischen Le Lavandou und Cavalaire-sur-Mer, nach der Ausf. von der D 559 den Hinweisen folgen.*

Ungewöhnliche Pflanzen und Bäume im botanischen Garten entdecken

Der Eiskeller von Mazaugues

Gleich vorweg an alle Eisesser: Es geht hier um gefrorenes Wasser. Als es noch keine Kühlschränke gab, mussten Lebensmittel mit Natureis gekühlt werden. Die Eismänner von Mazaugues bauten sich zwischen 1650 und 1900 außerhalb des Ortes Mazaugues ein 5.000 Quadratmeter großes Bassin. Im Winter wurde es von Regen oder per Hand mit Wasser gefüllt, bis sich eine 15 Zentimeter dicke Eisschicht gebildet hatte. Gelagert wurde das Gefrorene in einem halb unterirdisch angelegten Brunnen (s. Foto). Wird das Museum wieder geöffnet, das für längere Zeit geschlossen werden soll, werden die Besucher mit deutschen Texten und per Film über Herstellung und Handel informiert, Werkzeuge der Eismänner und Modelle der Eiskeller gezeigt. Bei geschlossenem Museum findet auch keine Führung zur Glacière de Pivaut statt. Macht nichts, einfach Richtung Baume-Massiv fahren (s. S. 43) und am großen Parkplatz nach dem dort aufgestellten Plan 20 Minuten durch Wald bis zum wieder aufgebauten Eiskeller wandern. Niemand hätte sich vorher vorstellen können, welch mächtiges Mauerwerk für die Eiskonservierung gebaut werden musste.

Musée de la Glace: Hameau du Château, 83136 Mazaugues, museedelaglace.free.fr.
Wegen der unsicheren Situation www.mairie-mazaugues.fr nachschauen, Tel. 0494-86 95 03. Museum und Führung zum Eiskeller von Pivaut.
Anreise: *von Toulon A 57 bis Solliès-Pont, dort auf die D 554, nördlich von Méounes-lès-Montrieux auf die D 5, nach 4 km in La Roquebrussanne nach Westen bis Mazaugues (6 km).*

Die alten Eiskeller sind frei zugänglich für Besucher

Hotels waren gestern! Abenteuerurlaub wird jetzt im Indianertipi gemacht

OK Corral

Da geht aber wirklich die Post ab, diese Kombination ist für abenteuerlustige Familien der absolute Kick. Nachts wird im Wigwamzelt geschlafen, tagsüber geht es in den Vergnügungspark mit allen Magenumdreh-Apparaten, Wildwest-Shows und Remmidemmi in der Silver-Dollar-City und noch mehr. Da kommt jedes Familienmitglied auf seine Kosten. Getrennt vom Rummel liegen die Tipis (Indianerzelte), das ist auch gut für den Schlaf. Sie sind komplett eingerichtet, außerhalb gibt es je einen privaten Sanitärraum mit Dusche und WC, Pool, Restaurant und einen kleinen Laden. Wer mal was anderes ausprobieren möchte, kann auch im Planwagen übernachten.

Zur Abwechslung: Die Strände des Mittelmeers sind 15 Kilometer entfernt.

Wigwamwelt OK Corral: D 8N/ Abzweigung zur D 602, 13780 Cuges-les-Pins, Tel. 0442-73 80 05, tipi@okcorral.fr,www.okcorral.fr, www.monde-des-tipis.com.
April-Sep im 4-Pers.-Wigwam, gestaffelt nach Zahl der Übernachtungen von € 30-56. Dagmar an der Rezeption spricht Deutsch. Eintritt in den Westernpark inklusive!
Westernpark-OK Corral:
Adresse siehe oben, www.okcorral.fr.
Juli-Aug tgl. ab 10 Uhr bis Sonnenuntergang, März-Juni u. Sep-Nov nur Sa/So (manchmal geänderte Öffnungszeiten, siehe Website).
Erw. € 25, Kinder (unter 1,40 m) € 22, (unter 1 m) frei.
***Anfahrt:** A 50 Marseille–Toulon, Ausfahrt Aubagne Sud, auf die D 8N bis Abzweigung zur D 602, Richtungsangaben Circuit du Castellet.*

Winnie Puuh ist im echten Leben doch etwas größer als gedacht ...

Zoo de la Barben

Mit dem Minizug geht es bequem auf die Hochebene mit neun Kilometer buggygeeigneten Spazierwegen. Dort leben die meisten Tiere in großen Gehegen, wie die langhalsigen Giraffen, die bulligen Elefanten oder grimmig glotzende Rhinozerosse. Die Braunbären können fast körpernah durch eine Scheibe beobachtet werden, die Löwen dösen im Schatten, im Vivarium, einer alten Schäferei, rekeln sich Krokodile, Schlangen und Echsen. Ohne Plan ist es unmöglich, auf dem großen Gelände die Tiere zu finden, die am meisten interessieren: Tiger, Affen, Springböcke, Nilpferde, Bisons, Dromedare, Esel und viele mehr.

Oft trennen sich die Familien in Interessengruppen. Treffpunkt ist dann der ausgedehnte Spielplatz, an dem viele Kinder sowieso hängen bleiben, um alle Geräte auszuprobieren. Ein schattiger Picknickplatz lädt zur Rast ein, Trinkwasser fließt an verschiedenen Stellen, auf den Terrassen der Restaurants gibt es Sandwiches, Pommes, Crêpes, Eis und Getränke, aber auch Menüs, die Kinderplatte für € 11. Verschiedene Shows wechseln sich ab, am meisten interessieren die Kunststücke der Greifvögel, die Zeiten sind am Zooeingang angeschlagen (April-Mitte Nov).

Zoo de la Barben: Route du Château s/n, 13330 La Barben, Tel. 0490-55 19 12, www.zoolabarben.com. Tgl. März-Juni u. Sep-Okt 10-18, Juli-Aug 9.30-19, Nov-Feb 10-17.30 Uhr. Erw. € 16, Kinder (3-12 J.) € 11, Minizug € 1. ***Anfahrt:*** *von Avignon auf A 7, Ausf. Salon-de-Provence, D 572 nach Pélissanne bis Barben, ausgeschildert.*

Salon de Provence

Der Bummel durch das gemütliche Städtchen Salon de Provence ist eine wahre Freude, vor allem mit dem deutschsprachigen „Wegweiser", den es im **Office de Tourisme** gibt [Cours Gimon 56, 13300 Salon-de-Provence, Tel. 0490-56 27 60, www.visitsalondeprovence.com]. Die erste Überraschung: Das Schloss von **Empéri** (13.-16. Jh.) liegt quasi mitten in der Stadt auf dem Puech-Felsen und birgt das Militärmuseum. Das klingt martialischer, als es ist, Zinnarmeen und der Reigen bunter Uniformen wecken Interesse, ist doch auch der „kleine Tambour" dabei, über den es so manche Legende gibt (siehe Kasten). Die größte Überraschung jedoch sind die 18 Reiterfiguren mit ihren lebensecht aussehenden Pferden.

Täuschend echt sehen die Reiterfiguren im Militärmuseum aus

Ein hessischer Tambour entschied den Krieg

„Ein kleiner Tambour kam g'rade aus dem Kriege ...", sang einst Esther Ofarim. Dieser kleine ***Tambour*** *aus dem* ***Empéri-Museum*** *hat quasi das Ende des Siebenjährigen Kriegs herbeigeführt. Am 24. Juni 1762 wurde bei Schloss Wilhelmsthal, Nähe Calden/Hessen, die französische Armee geschlagen, obwohl die im Dienste Englands stehenden Hessen unterlegen waren. Der Herzog von Braunschweig sah die fatale Lage und befahl dem kleinen Trommler, „zum Sammeln" zu spielen. Dieser hatte von seinem Vater eine andere Melodie gelernt und sie bereits fleißig geübt. Beim Befehl, die Truppe solle sich zum Rückzug sammeln, legte der kleine Tambour also los und trommelte die einzige Melodie, die er beherrschte: den Angriffswirbel. Wie ein Lauffeuer übernahmen die anderen Trommler der Gefechtslinie das Signal und die Hessen stürmten los. Der General konnte nicht anders und setzte sich an die Spitze, die Franzosen waren durch diesen Sturm so überrascht, dass sie sich nach Oberhessen zurückzogen.*

Eine historische Reise

Gleich unterhalb des Schlosses kommt die nächste museale Überraschung: Das **Musée Grévin**, weithin als bloßes Wachsfigurenkabinett bezeichnet, ist eine Tour d'Histoire der Provence, alle wichtigen historischen Ereignisse sind dargestellt. Auch die Landung der heiligen Maria und der Maria Magdalena (siehe S. 43, 58) wird illustriert und beschrieben. Beim Bummel durch Salon könnte sich die Familie noch mit der Brunnensuche vergnügen. Zehn davon gibt es im Zentrum, nicht versäumt werden darf der Moosbrunnen (Fontaine Moussue) am Crousillat-Platz. Der völlig vermooste Wasserspeier ist nicht nur ein klasse Fotomotiv (siehe Foto), sondern sogar das Wahrzeichen der Stadt.

Musée de l'Empéri: Montée du Puech, 13300 Salon-de-Provence, Tel. 0490-44 72 80, Di-So Mitte April-Sep 9.30-12 u. 14-18, Okt-Mitte April 13.30-18 Uhr. Erw. € 5, unter 25 J. frei. Deutsche Begleittexte.
Musée Grévin de la Provence: Place des Centuries s/n, Tel. 0490-56 36 30, Mo-Fr 9-12 u. 14-18, Sa/So 14-18 Uhr. Erw. € 5, Kinder (unter 7 J.) frei, sonst € 3.

Leckerer geht nicht

Für den kleinen oder etwas größeren Hunger gibt es eine vortreffliche Adresse, die Bäckerei ***La Mie Câline*** *(Cours Gimon 128, Tel. 0490-56 34 73, tgl. 7-19.30 Uhr). Schon von Weitem steigen die Düfte in die Nase: abwechslungsreich belegte Sandwiches, reichhaltige Salate, Pizza, Quiche, mit Gegrilltem belegte Brote, Baguette und vieles mehr.*

Der Moosbrunnen ist das Wahrzeichen von Salon-de-Provence

Standhaft: die 3.000 Jahre alten Bories-Hütten

Le Village de Bories

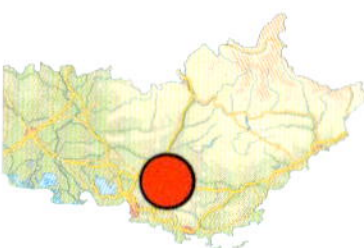

Sie brauchten keinen Mörtel und keinen Zement, sie spalteten zehn Zentimeter dicke Platten vom vor Ort gefundenen Kalkstein, legten sie in Ringform oval oder viereckig übereinander, jede Schicht ragte ein Stückchen nach innen vor, bis hoch zur Hüttenspitze. Heute nennt man diese schon über 3.000 Jahre alte Bauweise Kragkuppel oder falsches Gewölbe. Vom 14. bis 19. Jahrhundert hatten die Boriesin der Provence große Bedeutung, hier wohnten die Bauern während der Feldarbeit, in der übrigen Zeit wurden in den Steinhütten Geräte aufbewahrt, Schafe eingesperrt. Manche Bories waren sogar zweistöckig, in einigen gibt es Sitzbänke, Kamin und Backofen. 6.000 Steinhütten stehen in der Provence, 400 rund um Gordes, das in den 1970er-Jahren restaurierte Dorf ist denkmalgeschützt. Eine Dokumentation über Bau und Nutzung von Steinhäusern wird im ersten Haus am Dorfeingang gezeigt.

Le Village des Bories: tgl. 9 Uhr bis Sonnenuntergang. Erw. € 6, Kinder (12-17 J.) € 4. Auskünfte beim Office de Tourisme, Le Château, 84220 Gordes, Tel. 0490-72 02 75, www.gordes-village.com.
Anfahrt: *ca. 2 km südwestl. von Gordes, gut ausgeschildert, Parkplatz für Pkw ca. 1,5 km weiter.*

Tiere der Eiszeit vom Mammut bis zum Säbelzahntiger empfangen die Besucher

Musée de Préhistoire

Eine Betonwand vor dem Höhenzug hat Stararchitekt Norman Foster als Entrée in eins der bedeutendsten prähistorischen Museen gewählt. Die Skepsis der jungen Besucher weicht allerdings gleich hinter dem Eingang, in Lebensgröße werden sie empfangen von Mammut, Säbelzahntiger, Wollnashorn, Elchen ähnelnden Spezies, begleitet von einem Steinzeitmann mit Speer. Doch im 1. Stock geht es erst richtig los, da werden selbst die Jüngsten gepackt von multimedialen Animationen und dreidimensionalen Reproduktionen. Im Experimentarium dürfen sie Werkzeuge der Neandertaler in die Hand nehmen. Viele Fragen zu unseren Vorfahren werden beantwortet: Konnten die Neandertaler sprechen, gibt es anatomische Unterschiede zwischen uns und ihnen und warum sind sie verschwunden? Wir gehen mitten hinein in die Stein- und Bronzezeit, beobachten, wie Tierumrisse in Höhlenwände geritzt werden, wie unsere Vorfahren Felle präparieren, Feuer machen, Getreide mahlen und Brot backen. Ein Glück, dass die vielen Zeugnisse der Menschheitsgeschichte gerettet werden konnten, ehe die Flutung des Stausees am Unterlauf der Gorges du Verdon viele prähistorische Siedlungen unter Wasser begrub. Beeindruckt von der Fülle an Informationen über eine Welt von vorgestern träumen manche Kinder davon, nur einmal ein Stück in unsere Vorgeschichte eintauchen zu dürfen. Und natürlich dürfen sie! In der prähistorischen Siedlung hinter dem Parkplatz können sie zum Beispiel lernen, wie man Feuer ohne Zündmittel macht, aus einem Silex Feuerstein einen Faustkeil schlägt, wie man mit Pfeil und Bogen oder dem Speer das Ziel trifft.

Musée de Préhistoire des Gorges du Verdon: Route de Montmeyan, 04500 Quinson, Tel. 0492-74 09 59, www.museeprehistoire.com. Feb-März u. Okt-Mitte Dez Mi-Mo 10-18, April-Juni/Sep bis 19, Juli-Aug bis 20 Uhr. Erw. € 8, Kinder (6-17 J.) € 6. Audioguide (auch deutsch) kostenlos, Besuchsdauer ungefähr 2 Std. Le Village Préhistorique: Animationen März-Juni u. Sep-Okt am 1. Sa des Monats, Juli/Aug Di-Do, in den Schulferien (Ostern und Allerheiligen) Mi-Do je 14.30-17 Uhr. Erw. € 5, Kinder (7-15 J.) € 4. ***Anfahrt:*** *nördlich von Aix-en-Provence auf die D 96, hinter Peyrolles auf die D 952 Richtung Gréoux-les-Bains, östlich davon auf die D 315 über Esparron nach Quinson; einfacher ist es von Saint-Maximin über die D 560 oder von Brignoles über die D 554 nach Barjols und Tavernes zu fahren, dort abbiegen auf die D 71, übergehend in die D 13.*

Le Vélorail

Das ist ein echter Spaß für die ganze Familie. Sieger ist, wer die strammsten Wadenmuskeln hat. Denn ein Vélorail ist eine Draisine, anders ausgedrückt: zwei Fahrräder auf Schienen. Es fährt auf ausgedienten Bahnstrecken, Halt zum Blumenpflücken ist erlaubt oder um ein Sandwich zu holen, falls ein Markt an der Strecke liegt. Vorn sitzen zwei Strampler, hinten drei Beifahrer, die den Takt angeben und frotzeln, wenn bei Steigungen den Radlern der Schweiß von der Stirn tropft. Ablösung ist natürlich möglich. Also: in die Pedale, fertig, los!

Le Vélorail de Haute-Povence, 04510 Mallemoisson, Gare Vélorail, von Digne auf der N 85 bis Ortseingang Mallemoisson, Tel. 0494-72 79 93 (telefonisch anmelden!), www.velorail04.fr. Tgl. April/Mai/März-Okt Mo-Fr 10 und 15, So, Feiertag 10/14/16, Juli/Aug 10,12,14,16, je nach Wetter auch 18 Uhr. Dauer max. 2 Std., bis zu 5 Pers. € 25 pro Gefährt. Weitere Adressen: Les Vélorails de Provence, 13750 Plan d'Orgon, Tel. 0698-16 55 33 oder 0603-85 26 54. Vélorail de la Sainte-Baume, Pourcieux-Saint-Maximin, Tel. 0633-81 50 87, www.veloraildefrance.com.

Wer vorn sitzt, muss strampeln – auch der Autor (links)

Museé Promenade

Der Name Musée Promenade ist Programm, denn die Besucher müssen zuerst einmal gut 20 Minuten aufwärts promenieren durch einen botanischen Garten mit kleinen Bächen, Kunstwerken und einem besonders hübschen, auf die Straße spritzenden Wasserfall.
Dann aber werden alle von der Erdgeschichte gefangen genommen, die in Filmen, Videos und per Audioguide spannend geschildert wird. Beeindruckend auch das „Gedächtnis der Ozeane“, das sich in zahlreichen fantastischen Fossilien dokumentiert. Vor allem die Jugend sammelt sich um die Aquarien. Die größte Attraktion der Becken ist Nautilus, ein lebendes Fossil. Dieses Naturwunder gibt es bereits seit 400 Millionen Jahren, ein Nachkomme der Ammoniten, also eine Art Krake oder Tintenfisch mit schneckenähnlichem Gehäuse. Die gekammerte äußere Schale ermöglicht dem Nautilus, bis in 600 Meter Tiefe zu tauchen.
Das lebende Fossil wird auch Perlboot genannt wegen der inneren Perlmuttschicht, in der Renaissance ein beliebter Schmuck in Fürstenhäusern.

Musée Promenade: Montée Bernard Dellacasagrande 10, 04005 Digne-les-Bains, Tel. 0492-36 70 70, musee-promenade@hotmail.com, www.resgeol04.org. April-Mitte Juni und Sep-Nov Mo-Fr 9-12 u. 14-17.30, Mitte Juni-Ende Aug tgl. 9-19 Uhr. Erw. € 8, Kinder (7-14 J.) € 5. Audioguide (auch auf Deutsch erhältlich) € 1.
Anfahrt: *vom Zentrum Digne ca. 3 km auf der D 900A Ri. Burles.*

Erdgeschichte hautnah erleben beim Wandern durch das Museé Promenade

Carrières de Lumières

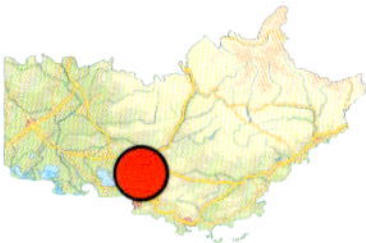

Augen und Ohren werden überfüllt mit Bildern auf riesigen Innenwänden, Steinsäulen, sogar auf dem Boden und auf den Decken, begleitet vom Sturm packender Musik. Dies in einem aufgelassenen, unterirdischen Steinbruch mit 14 Meter hohen Wänden und vom Abbau übrig gebliebenen Pfeilern. Bilder großer Maler wechseln sich ab, links, rechts, vorn, hinten, unten und oben, das Auge kann kaum mehr folgen, die Musik bringt den Körper zum Vibrieren, man ist gefangen in einem unterirdischen Spektakel, möchte manchmal fliehen, doch die Show, die Technik hält uns fest. Gänsehaut überzieht Arme und Rücken.

Deckenhohe Bilder begeistern die Besucher der Licht-und-Ton-Show

Nücterne Infos für Technikfreaks: 6.000 Quadratmeter Projektionsfläche auf Steinbruchfelsen, 70 Video-Projektoren und 70 Server, 3.000 Bilder pro Show.

Office Municipal de Tourisme, Maison du Roy, Rue Porte Mage s/n, 13520 Les Baux-de-Provence, Tel. 0490-54 34 39, www.lesbauxdeprovence.com. Information und Buchung: Carrières de Lumières, Tel. 0490-54 47 37, message@carrieres-lumieres.com, www.carrieres-lumieres.com. Tgl. März u. Okt-3. Jan 10-18, April-Sep 9.30-19 Uhr. Erw. € 10,50, Kinder (7-17 J.) € 8,50.
Anfahrt: *nördlich von Arles ostwärts auf die D 17, östlich von Fontvieille abbiegen auf die D 78F.*

Katapult auf der Burg

Les Baux-de-Provence, *inmitten der Felsenlandschaft der Alpilles, ist touristisch überlaufen, Bars an Restaurants, Souvenirgeschäfte an Boutiquen, in der Saison überfüllte Gassen. Trotzdem: Für Kinder und Jugendliche könnte es lohnend sein, sich durchzuquetschen bis zum Château, dort gibt es im Sommer reichlich Spektakel und als Höhepunkt im Burghof das historische Katapultschießen, Schatzsuche für 7 bis 12-jährige Kinder und vieles mehr, unterschiedliche Preise.*

La Ferme aux Crocodiles

Ein Dschungel, warmes, feuchtes Klima, lautes Vogelgezwitscher und 400 träge in Tümpeln liegende Panzerechsen, das ist die Krokodilfarm nördlich von Orange, im Département Drôme. Es gehört zu den besonderen Erlebnissen, diesen gefährlichen Reptilien nah zu sein, ohne dass sie zuschnappen können. Die Wege durch das Tropenhaus (800 qm) und die Außenanlage (4.000 qm) sind auch für neugierige Kinder sicher und können mit dem Buggy befahren werden. Viele schaudert es, in die offenen Mäuler mit den spitzen Zähnen zu schauen, andere Krokodile verstecken sich im Wasser, nur Nasenlöcher und Augen sind zu sehen. Niedlich die nebeneinanderliegenden Paare, immer eins der Füßchen auf dem Rücken des Partners. Süß die Gruppen der jungen Krokos, die sich eng aneinanderschmiegen. Diskussionen gibt es immer wieder, ob die schuppigen Ungeheuer Krokodile, Alligatoren oder Gaviale sind (siehe Kasten). Zur Abwechslung kann man Riesenschildkröten von den Seychellen betrachten. Und Hobbybotaniker bleiben gern bei den Frangipanibäumen stehen, deren rosa- bis orangefarben Blüten exotische Düfte verströmen.

Ein Zahn bringt die Lösung

In der großen Familie der Krokodile sind die ***Echten Krokodile*** *an ihrem vierten, unteren Zahn zu erkennen, der auch bei geschlossenem Maul sichtbar bleibt. Ist bei geschlossener Schnauze kein Zahn zu sehen, handelt es sich um Alligatoren oder die Unterfamilie der Kaimane. Dann gibt es noch die gefährdeten Gaviale, die in Nepal und Nordindien leben. Sie werden bis zu sechs Meter lang und haben eine auffällig dünne, lange Schnauze.*

Die Krokodilfarm ist ein Paradies für träge Großmäuler

La Ferme aux Crocodiles: Allée de Beauplan 395, 26700 Pierrelatte, Tel. 0475-04 33 73, www.lafermeauxcrocodiles.com. Tgl. Nov-Feb 10-17, März/Sep/Okt 10-18. April-Aug 9.30-19 Uhr. Erw. € 16, Kinder (3-12 J.) € 11, mit Restaurant, Picknickplätzen und Kinderspielplatz. ***Anfahrt:*** *von Süden kommend auf der A L 7 Ausf. Bollène, am östl. Rhône-Ufer Ri. Pierrelatte, deutliche Hinweise.*

GUT ZU WISSEN

Fakten von A bis Z

Anreise/Ankunft

Die meisten Urlauber kommen mit dem Auto in die Provence. Fast alle Autobahnen in Frankreich sind kostenpflichtig (pro 100 km ca. € 7-14). Mautfreie Schnellstraßen (Route Nationale = RN) sind vor allem im Juli und August schnell überfüllt. Die schnellsten Verbindungen von Nord nach Süd sind innerhalb von Frankeich die A 6 Paris–Lyon (470 km), als Fortsetzung die A 7 Lyon–Orange–Avignon–Marseille (314 km). Von Nord- und Mitteldeutschland aus empfiehlt sich die Anreise über Trier–Luxemburg–Metz–Dijon und dann auf die A 7, etwas weiter südlich über Straßburg–Mulhouse–Besançon auf die A 7 und für Süddeutschland, Schweiz und Österreich über Bern – Autobahn Genf – bis in Höhe Valence, dort auf die A 7. Die schönere Alternative wäre über die Landstraße nach Chambéry–Grenoble–Serres–Nyons in die Provence. Hilfe mit den Reiserouten gibt es bei www.viamichelin.com, die besten Straßenkarten sind Michelin Nr. 332 Provence/Vaucluse und Nr. 340 Provence/Côte d'Azur. Leider ist von der guten Autozug-Verbindung nach Narbonne bzw. Avignon nur noch sie Strecke zwischen Hamburg–Lörrach geblieben. Auskünfte über www.dbautozug.de oder Tel. 018 05-99 66 33. In der Provence gibt es zwei internationale und zwei europäische Flughäfen, die von mehreren Fluggesellschaften angeflogen werden.

90 km/h, schneller darf auf der Landstraße nicht gefahren werden

Aéroport International Marseille-Provence, *Tel. 0442-14 14 14, 0442-14 21 14, www.marseille.aeroport.fr. Regelmäßige Pendelbusse zwischen Flughafen und Stadt Marseille.*
Aéroport de Nice-Côte d'Azur, *Tel. 0820-423 333, falls besetzt 0489-88 98 28, www.nice.aeroport.fr. Regelmäßige Pendelbusse zwischen Flughafen und Stadt Nizza.*
Aéroport Toulon-Hyères, *Tel. 0825-01 83 87, www.toulon-hyeres.aeroport.fr.*
Aéroport d'Avignon-Provence, *Tel.0490-81 51 51, www.avignon.aeroport.fr.*

Auskunft

In Deutschland
Französische Zentrale für Tourismus, Postfach 100128, 60001 Frankfurt am Main, info.de@rendezvousenfrance.com, Fax 069-74 55 56, de.france.fr. Achtung: Das Büro in der Zeppelinallee ist für den Publikumsverkehr geschlossen.
In Österreich
Publikumsverkehr, gibt es auch hier nicht, Kontakt nur telefonisch oder per E-Mail: Tel. 01-503 28 92, info.at@france.fr.
In der Schweiz
Französisches Touristikzentrum, Rennweg 42, 8021 Zürich, Tel. 0900-900 699, info.ch@aboutfrance.fr.
In der Provence
Office de Tourisme et des Congrès, La Canebière 11, 13001 Marseille, Tel. 0826-50 05 00, www.marseille-tourisme.com.

Autofahren

Die Promillegrenze liegt bei 0,5 Promille, es besteht Anschnallpflicht, im Auto müssen Warndreieck und reflektierende Warnwesten mitgeführt werden. Bei Regen oder Schnee ist Abblendlicht vorgeschrieben. Geschwindigkeitsbegrenzungen: 50 km/h in der Stadt, 130 km/h auf Autobahnen, 110 km/h auf Schnellstraßen, 90 km/h auf anderen Verkehrswegen. Telefonieren mit dem Handy ohne Freisprechanlage wird mit einem Bußgeld geahndet (ab € 25). Kinder unter 10 Jahren müssen im Auto hinten sitzen und durch ein Sicherheitssystem angeschnallt sein, das dem Alter und ihrer Größe angepasst ist: Babyschalen, Spezialsitze, Sitzkissen. Selbst wenn sie dieses Alter überschritten haben, sollten Kinder nicht auf dem „Todessitz" mitfahren, sondern angeschnallt hinten sitzen.

Autovermietung

Internationale Leihwagenfirmen, auch lokale, gibt es in allen größeren Städten. Im Sommer ist es allerdings ratsam, schon im Voraus zu reservieren. Wer Kindersitze braucht, sollte sich vorher erkundigen, denn dieser Service ist nicht überall vorhanden. Die Preise für Mietwagen beginnen bei € 35 pro Tag, meistens ohne Freikilometer.

Bus und Bahn

Fahrpläne gibt es bei den Touristinformationen. Eine gute Adresse für Bustouren ist www.aixenbus.com. Über regionale Zugverbindungen zwischen Marseille und Miramas, Toulon, Avignon, Aix-en-Provence etc. informiert www.ter-sncf.com.

Camping

Campingurlaub in der Provence ist sehr beliebt, das Angebot ist enstprechend recht dicht, angefangen bei kleinen Plätzen mit viel Ruhe und Entspannungen bis hin zu großen Anlagen mit Pools und Kinderanimation (siehe S. 110 f). Im Juli und August gehen auch die Franzosen campen, deshalb unbedingt frühzeitig einen Platz buchen. Informationen gibt es bei www.provence-entdecken.de, www.camping.info/campingplaetze, campingplatz.provence-campings.com, www.suncamp.de/frankreich und campingfuehrer.adac.de.

Diplomatische Vertretungen

Französische Botschaft
Pariser Platz 5, 10117 Berlin, Tel. 030-590 03 91 00, cad.berlin-amba@diplomatie.gouv.fr, www.botschaft-frankreich.de, www.ambafrance-de.org.
Generalkonsulate in Düsseldorf, Frankfurt/Main, Hamburg, München, Saarbrücken und Stuttgart.

Deutsche Konsulate
Avenue du Prado 338, 13295 Marseille, Tel. 0491-16 75 20, info@marseille.diplo.de, www.allemagne.diplo.de.
Le Minotaure, 5è Etage, Avenue Henri Matisse 34, 06200 Nizza, Tel. 0493-83 55 25, nizza@hk-diplo.de.
Rue Noël Biret 5, 8400 Avignon, Tel 0490-81 00 42, avignon@hk-diplo.de.

Österreichisches Generalkonsulat
Cours Pierre Puget 27, 13006 Marseille, Tel. 0491-53 02 08, consulatautriche@renardassocies.com, www.bmeia.gv.at.

Schweizer Generalkonsulat
Rue d'Arcole 7, 13006 Marseille, Tel. 0496-10 14 10, mar.vertretung@eda.admin.ch, www.eda.admin.ch.

Einreise

Reisende aus Deutschland, Österreich und der Schweiz benötigen lediglich den gültigen Personalausweis, wenn sie nicht länger als drei Monate im Land bleiben möchten. Kindereinträge im Ausweis der Eltern sind nicht mehr gültig. Jedes Kind benötigt ein eigenes Ausweisdokument.

Côte D´Azur-Card: 1.000 Euro wert

Mit der Côte D´Azur-Card können Urlauber kostenlos an insgesamt 160 geführten Besichtigungen teilnehmen, an Ausflügen, inkl. Eintritte in Museen und Freizeitaktivitäten. Beim 3-Tage-Pass könnten Erwachsene Aktivitäten für rund 1.000 Euro abfeiern. Zwei Versionen werden angeboten: 3-Tage-Pass, gültig für 6 Tage, Erw. € 39, Kinder (4-12 J.) € 21; 6-Tage-Pass, gültig für 12 Tage, Erw. € 54, Kinder (4-12 J.) € 29. Bei großen Familien sind ab dem dritten Kind alle weiteren Kinder inbegriffen. Erhältlich ist die Card bei den Tourismusämtern, den Unterkünften oder über die Website www.cotedazur-card.com.

Klimatabelle

	Jan	Feb	März	Apr	Mai	Juni	Juli	Aug	Sep	Okt	Nov	Dez
Wassertemperaturen in °C	13	13	14	14	15	20	23	25	21	20	18	14
Lufttemperaturen/Tag (in °C)/Nacht	13 4	13 5	15 7	17 9	20 13	24 16	27 18	27 18	25 16	21 12	17 8	13 5
Sonnenschein (in Std.) täglich	5	6	6	8	9	10	12	10	9	6	5	4
Niederschlag (Tage/Monat)	9	7	8	9	8	5	2	4	7	9	9	9

Die Kontrolle an den Grenzen ist seit dem Schengener Abkommen eingestellt. Für den Pkw ist der nationale Führerschein ausreichend, die grüne Versicherungskarte ist nicht vorgeschrieben, aber empfehlenswert.

Fahrradverleih

Siehe S. 123.

Geld

Frankreich gehört zur Eurozone. Hotels, Restaurants sowie die meisten Tankstellen und Geschäfte nehmen die üblichen Kreditkarten an. Mit der EC/Maestro-Karte kann man an den meisten Geldautomaten Geld abheben. Postbankkunden bekommen auch bei der Post Geld. Ausführliche Informationen über www.bargeldabheben.de.
Öffnungszeiten der Banken: Mo-Fr 9-12 u. 14-16 Uhr, Postfilialen: Mo-Fr 8-11 u. 14-18 Uhr sowie am Samstagvormittag.

Klima und Reisewetter

Das ganze Jahr über ist die Provence eine der wärmsten und sonnenreichsten Regionen Frankreichs: Zwischen 2.700 und 2.900 Stunden Sonnenschein pro Jahr, in Deutschland sind es 1.600 bis 2.000 Stunden. Im Januar und Februar blühen schon die Akazien und Mandelbäume, ab Ende März stehen die Tische der Cafés und Bars draußen und Hobbyfotografen finden in der Pflanzenwelt unendlich viele Motive. Ideal für Ferien ohne Trubel sind der April und der Mai. Der Sommer ist heiß und trocken, inzwischen beginnen schon Mitte Juni Temperaturen um die 30 Grad, die im Juli und August noch steigen. Stadttouren und Wanderunge mit Kindern sind in dieser Zeit nicht anzuraten. Bis September fällt kein Regen, erst später kommen zwischendurch kurze Regenfälle, insgesamt kann der Herbst auch für aktive Ferien empfohlen werden.

Im Winter ist das Klima trocken, sonnig und ziemlich mild. Nur der kühle und trockene Mistralwind macht sich jetzt unangenehm bemerkbar. Der Name des Nordwindes stammt aus dem provenzalischen Dialekt und bedeutet auf Französisch Maître (Meister).

Literatur/Reisevorbereitung

Francesco Petrarca: „Die Besteigung des Mont Ventoux", Insel Verlag 2007, Reclam, rororo.
Patrick Süskind: „Das Parfüm", Diogenes Verlag 2006.
Michelin: „Provence" (die klassischen Départements), Travel House Media, 2010.
Micheline Funke und Braco Lukenic: „Langenscheidt – Französisch mit System", Berlin und München 2011.
Straßenkarten 1 : 150.000: Michelin Provence/Côte d'Azur Nr. 340, Provence/Vaucluse Nr. 332.

Medizinische Versorgung

Die ärztliche Versorgung in der Provence entspricht dem mitteleuropäischen

Bilinguale Autofahrt: Ortsschilder auf Französisch und Provenzalisch

Standard. Die Europäische Krankenversicherungskarte EHIC hat den Auslandkrankenschein E 111 abgelöst. Die EHIC kann formlos bei der Krankenkasse angefordert werden. Sie gilt für alle Notfälle, einfach beim Arzt oder im Krankenhaus vorlegen. Es empfiehlt sich trotzdem, zusätzlich eine Auslandskrankenversicherung abzuschließen.

Notrufe

Ärztlicher Notdienst (Rettungsdienst): 15
Polizei: 17
Feuerwehr: 18
Europäischer Notruf: 112

Öffnungszeiten

Banken und Postämter: siehe S. 105f.
Geschäfte: Mo-Sa 10-19/20 Uhr, Supermärkte oft auch bis 22 Uhr, kleine Geschäfte schließen von 13 bis 14 Uhr und montags halb- oder ganztags.
Apotheken: Mo-Sa 10-12 und 14-19 Uhr.

Post

Die gelben Briefkästen stehen meist am Straßenrand und natürlich vor jeder Postfiliale, die Leerungszeiten sind vermerkt. Briefmarken gibt es bei der Post und in Tabakläden. Das Porto für den einfachen Brief ist € 0,95, für eine Ansichtskarte ebenso € 0,95 (ständige Änderungen). Aktuelle Portopreise unter www.laposte.fr (französisch).

Sprachführer

Alltägliches

parents – Eltern
mère, père – Mutter, Vater
garçon, jeune fille – Junge, Mädchen
fils, fille – Sohn, Tochter
famille – Familie

monsieur, madame – Herr, Frau
mademoiselle – Fräulein
bonjour – guten Tag
bonsoir – guten Abend
au revoir – auf Wiedersehen
merci – danke
s'il vout plaît (je vous en prie) – bitte
pardon! (oder: excusez-moi!) – Entschuldigung!
pardon? – Wie bitte?
comment allez-vous? – Wie geht es Ihnen?
merci, ça va (et vous?) – danke, gut (und Ihnen?)
oui, non – ja, nein

Im Restaurant/Café

Monsieur/Madame, s'il vous plaît! – Herr Ober/„Fräulein", bitte!
j'aimerais bien/je voudrais bien – ich möchte gern
nous aimerions bien/nous voudrions bien – wir möchten gern
menu/carte – Speisekarte
carte des boissons/des vins – Getränke-/Weinkarte
plat du jour – Tagesgericht
hors d'œuvre – Vorspeise
plat principal – Hauptgericht
dessert – Nachtisch
amuse-gueule – Appetithäppchen
sel, poivre – Salz, Pfeffer
pommes frites – Pommes frites
pain – Brot
salade niçoise – gemischter Salat
gâteau – Kuchen
glace – Eis
café au lait – Milchkaffee
café noir – Kaffee schwarz
thé – Tee
bière (en bouteille) – Flaschenbier
bière à pression – gezapfes Bier
vin rouge – Rotwein
vin blanc – Weißwein
À votre santé! – Auf Ihr Wohl!
eau gazeuse – Mineralwasser mit Kohlensäure
eau minérale – Mineralwasser ohne Kohlensäure
lait – Milch
L'addition, s'il vous plaît – Die Rechnung, bitte
Acceptez-vous les cartes de crédit? – Nehmen Sie Kreditkarten?

Unterwegs

Pourriez-vous m'aider? – Können Sie mir helfen?
Où est ...? – Wo ist ...?
Connaissez-vous ...? – Kennen Sie ...?
pharmacie – Apotheke
banque – Bank
poste – Post
toilettes – Toiletten
plage, baie – Strand, Bucht
eau, mer – Wasser, Meer
piscine – Schwimmbad
(Est-ce que) c'est loin d'ici? – Ist das weit von hier?
à droite, à gauche – rechts, links
tout droit – geradeaus
station-service – Tankstelle
garage – Werkstatt
service de dépannage – Abschleppdienst
essence – Benzin
super – Super
sans plomb – bleifrei
gazole – Diesel
Le plein, s'il vous plaît – Bitte volltanken
gare – Bahnhof
station, arrêt – Station, Haltestelle
train – Zug
autobus – Bus

Rauchen
Rauchen ist in öffentlichen Bereichen (Museen, öffentliche Bauwerke, Kinos etc.) und in öffentlichen Verkehrsmitteln sowie in Restaurants, Bars, Discos usw. verboten.

Strom
Die Stromspannung in Frankreich beträgt 220 Volt. Für Flachstecker (Eurostecker, Typ CEE 7/16) benötigt man also keinen Adapter. Jedoch für die in Deutschland gebräuchlichen Schukostecker. Reiseadapter für Frankreich gibt es in fast jedem Supermarkt. Laptops, Tablets oder Mobiltelefone sind in der Regel mit Flachstecker ausgestattet, passen also auch in französische Steckdosen.

Telefon
Anrufe von Deutschland nach Frankreich: erst 0033 wählen, dann die 9-stellige Nummer des Gesprächspartners (ohne die 0 am Anfang). Beispiel (Tourismusbüro Bouches-du-Rhône): 0033 (0)491-13 84 16.
Innerhalb Frankreichs stets die 10-stellige Nummer, die immer mit einer 0 beginnt, wählen. Von Frankreich ins Ausland wählt man für Deutschland 0049, für Österreich 0043, für die Schweiz 0041, danach die Null vor der Ortskennzahl weglassen und die Anschlussnummer wählen.
Sämtliche Arten von Telefonkarten (für Telefonzellen, aufladbare Karten für Mobiltelefone, Prepaidkarten etc.) erhalten Sie in den Filialen der Post, in Tabakläden oder Souvenirgeschäften. Eine Übersicht aller Tarife und Ländercodes finden Sie unter www.orange.fr.

Tiere
Hunde und Katzen, die innerhalb der EU mitreisen, müssen als Kennzeichnung einen Mikrochip unter der Haut haben. Die Tätowierung wird seit dem 3. Juli 2011 bei allen Tieren, die nach diesem Zeitpunkt geboren sind, bei einer möglichen Kontrolle nicht mehr akzeptiert! Die Impfbescheinigung gegen Tollwut muss sich auf das durch den Chip ausgewiesene Tier beziehen und von einem Tierarzt ausgestellt sein, und zwar mindestens einen Monat und höchstens ein Jahr vor Reiseantritt.

Trinkgeld
In den meisten Restaurants und Bars ist der Service im Preis enthalten, bei guter Bedienung wird jedoch ein zusätzliches Trinkgeld (pourboire) erwartet, je nach Kategorie und Zufriedenheit 5-15 Prozent. Das Trinkgeld lässt man auf dem Teller mit der Rechnung zurück. Im Hotel sollte das Zimmermädchen je nach Kategorie des Hauses € 5-10 pro Woche und Person erhalten. Der Gepäckträger erwartet je Gepäckstück € 1-2. Taxifahrer werden nach dem Taxameter entlohnt, man rundet bei besonderer Freundlichkeit auf, beim Friseur gibt man in der Regel rund 10 Prozent Trinkgeld.

Unterkünfte
In der Provence gibt es ein reichhaltiges Angebot an Hotels, Pensionen und Campingplätzen. Zur Orientierung finden Sie hier eine bunte Auswahl an zwölf für Familien mit Kindern geeigneten Unterkünften. Die Preise beziehen sich bei Halbpension (HP) auf eine Person pro Tag im Doppelzimmer (Vorsaison-Hauptsaison), in Ferienwohnungen wird

der Preis pro Apartment, auf Campingplätzen für einen Bungalow oder ein Mobilhome angegeben.
Wenn Kinderanimation bzw. Miniclub erwähnt sind, bezieht sich das meistens auf die Zeit von Juni bis Ende August.

Club Med Opio en Provence
Domaine de la Tour, Chemin Cambarier N, 06650 Opio, www.clubmed.de, genauere Informationen über Club Méditerranée Deutschland GmbH, Schwalbacher Straße 70, 65760 Eschborn, service centero1@clubmed.com, Tel. 01803-63 36 00 oder 06196-764 00. Ganzjährig.
Ein Club für alle Ansprüche im Hinterland von Cannes, alles im Preis inbegriffen, 2 Pools, 1 Hallenbad, Hamam und Sauna, Golf- und Tenniskurse, Bogenschießen, Volleyball, Boule, geführte Spaziergänge, perfekte Kinderbetreuung: Babyclub 4 Monate-2 Jahre, Petit Club 2-4 Jahre, nur in den Schulferien Mini-Club 4-11 Jahre, Juniors-Club 11-17 Jahre, Kinderbetreuung am Abend.
All-inclusive Erw. € 140-300, Kinder (12-15 J.) 150-230, (6-11,9 J.) 120-200, unter 6 Jahren frei.

Familien-Jugendherberge Cannes Jeunesse Service Fort
Insel Sainte-Marguerite, 06400 Cannes, Tel. 0497-06 27 27, cis@cannes-jeunesse.fr oder sejour@cannes-jeunesse.fr, www.cannes-jeunesse.fr. Ganzjährig.
Ein Familienurlaubserlebnis der besonderen Art: Freizeit auf einer Insel mit kleinen Stränden und Wäldern und einem geheimnisvollen Fort (siehe S. 87)

Wenn das Meer nicht in der Nähe ist, sorgt der Pool für Abkühlung

in einer historischen Jugendherberge. Einfache Zimmer mit bis zu 5 Betten, Bad teils auf dem Flur, Bettwäsche vorhanden, Badetücher mitbringen. Gemeinsames Essen in großen Räumen oder im Schatten eines mächtigen Baums. HP € 56,50 (unter 5 J. frei), auch VP möglich.

Les Domaines de Saint Endréol Golf & Spa Resort
Route de Bagnols-en-Forêt s/n, 83920 La Motte-en-Provence, Tel. 0494-51 89 80, www.st-endreol.co. Ganzjährig.
Großzügige Wohnanlage. Für Familien mit größeren Kindern sind die Apartments zu empfehlen. Abgeschlossene Anlage, eigene Garage, Pool Mai-Okt, dort Kinder (unter 8 J.) nur in Begleitung Erwachsener, Wellness- und Schönheitszentrum, Golfplatz, Restaurant, Bar und Café, 2 Tennisplätze, Babysitting auf Anfrage. 1 Woche Apartment: 2 Schlafzimmer, 4 Pers. € 585-€ 1.590, 3 Schlafzimmer, 6 Pers. € 855-2.125.

Entspannung, Action und Spaß bietet der Riviera Beach Club

Domaine du Thronnet
Rue Chantabord s/n, bei Figanières, 73009 Chambéry, Tel. 0384-25 26 19, 0479-70 70 02, reservations@odesia.eu, www.odesia-vacances.com. Feb-Okt.
Geschlossene Anlage in mediterranem Garten, neue, gut eingerichtete Apartments mit Küche und Terrasse (2-8 Pers.), Restaurant, Pool, Tennisplatz, Boule, Juli/Aug Mo-Fr Spiele, Sport und Animation für Kinder (4-10 J.). Apartment für 4 Personen/Tag € 230-€ 931 (ohne Verpflegung).

Camping Les Cigales, 4 Sterne
Rue de Jas de la Paro 4, 83490 La Muy, Tel. 0494-45 12 08, contact@camping-les-cigales-sud.fr, www.camping-les-cigales-sud.fr. Ab Le Muy schwierige Anfahrt, vorher Wegbeschreibung anfordern. Mitte März-Mitte Okt.
Der Platz hat viel Schatten für Chalets und Mobilhomes (feststehende Häuschen), sehr gut im Sommer, mit Küche und kleiner Terrasse sowie Stellplatz für ein Auto. Schöne große Poolanlage mit Rutschen und Wasserballplatz, Sportplatz und Tischtennis, Juli/Aug Miniclub für die Kleinen, in der Nähe Pferde und Ponys sowie Kletterwald, Restaurant, Bar und Minimarkt, um einzukaufen.
Preise für 1 Tag, 4/6 Pers., Mobilhome (25 qm) € 46-160/57-168, Chalet (27 qm) € 50-163/55-170, Campingplatz 2 Pers. € 22-40, weitere Pers. € 5,50-9,50, Kind (bis 18 J.) € 4,50-7,40.

Hôtel L'Orangeraie
Route de Ramatuelle 545, 83420 La Croix-Valmer, Tel. 0494-55 27 27, info@hotel-lorangeraie.com, www.hotel-lorangeraie.com. Ende März-Anfang Okt.
Für stilvollen Urlaub in einer historischen Villa mit großem Park, Pool im Palmenschatten, traumhaft und komfortabel ausgestattete Zimmer und Suiten, Speisen auf der Terrasse, Juli/Aug Kinderanimation, Babysitter möglich, kostenloser Shuttle zum Strand, Fahrradverleih, auch Kinderräder. Familienzimmer, 4 Pers. € 212-389, Babybett € 20, Frühstücksbüfett € 19, Kinder (bis 11 J.) € 12.

Riviera Beach Club
Route de Giens s/n, Südostecke der Halbinsel von Giens, 83400 Hyères, Tel. 0494-58 21 35, Fax 0494-58 9071, www.belambra.com. Internationale Buchungs-Nr. 0033 -1-77 70 91 50. April-Ende Okt.
Dieser Club erfüllt alle Ansprüche der Familie, die Bungalows liegen in einem acht Hektar großen Pinienhain und direkt am breiten Sandstrand, flach

abfallend, Liegen und Sonnenschirme im Preis inbegriffen. 2 Pools und Kinderplanschbecken, Leo-Club für 3-5 (mit Ganztagsbetreuung) und 6-10 Jahre, Junior-Club für 11-13 und 14-17 Jahre, Volleyball- und Basketballfeld, Boulebahn, Minigolf, Kinderspielplatz, Tischtennis, Tennis, Familienzimmer (30 qm) für 2 Erw. und 2 Kinder, Etagenbetten, mit Schiebewand abgeteilt, oberes Bett für Kinder über 6 Jahre, Terrasse, zusätzliches Babybett möglich. Nebenan Verleih und Kurse für Windsurfen, Segeln, Katamaran und Kitesurfen, Schwimmkurse für Kinder und Erwachsene. HP Erw. und Kinder (ab 12 J.) € 85-180, (6-12 J.) € 70-140, (2-6 J.) € 40-130.

Hôtel Delos, Insel Bendor
Île de Bendor, am Hafen, 83150 Bandol, Tel. 0494-05 90 90, reservation@bendor.com, www.bendor.com. Mit der Fähre ab Bandol. April-Okt.
Gleich am Hafen und in der Nähe der Strände liegt das komfortable Hotel, rund um den Hafen stehen hier kleine, zum Hotel gehörende Villen, die teils auch über einen eigenem Bootsplatz verfügen. Für Familien eignen sich vor allem zwei Villen mit Aufenthaltsraum und einem kleinen Garten, Essen gibt es im kinderfreundlichen Hotelrestaurant. Etwas teuer, aber dafür pure Romantik auf einer kleinen Insel (siehe S. 24). Ü/F für 2 Pers. € 355-450, Zusatzbett für Kinder (3-12 J € 25, Babybett.) € 10, Auto (4,50 m Länge) mit der Fähre hin und zurück im Kombinticket € 120, kostenloser Parkplatz direkt am Hotel.

Camping Domaine de la Sainte-Baume, 4 Sterne
Quartier Delvieux Sud, 83860 Nans-les-Pins, Tel. 0494-78 92 68, ste-baume@wanadoo.fr, www.saintebaume.com. Autoroute A 8, Ausfahrt Nr. 34 Saint-Maximin, genaue Wegbeschreibung anfordern. April-Sep.
Komfortabler Platz im Wald, Mobilhomes (feststehende Häuschen) mit Küche und kleiner Terrasse sowie Stellplatz für ein Auto. Große Poolanlage mit Rutschen, Spielbecken und Whirlpool, Solarium, Sportplatz, Tischfußball, Bogenschießen, Tennis, Juli/Aug Miniclub ab 4 Jahren, ab 13 Jahren Sport und Spiele, Gymnastik und Sport für Erwachsene, viel Abendunterhaltung, Reitzentrum nebenan, Restaurant (Gerichte zum Mitnehmen) und Minimarkt. Preise pro Tag, Mobilhome (22 qm) 4 Pers. € 40-92, Mobilhome (35 qm) 6-8 Pers. € 364-1.316 (minimum), Campingplatz 2 Pers. € 23,50-39, weitere Pers. (ab 10 J.) €7,20-11,30, Kinder (4-10 J.) € 5,10-9,30.

Erholung für die Familie in der Camping Domaine de la Sainte-Baume

Privatsphäre hat die Familie in einer eigenen Ferienwohnung

Couvent Royal de Saint-Maximin
Place Jean Salusse s/n, 83470 Saint-Maximin-de-la-Sainte-Baume, Tel. 0494-86 55 66, contact.stmaximin@hotels-patrimoine.fr, www.couvent-royal.fr. Ganzjährig geöffnet.
Geräumiges Kloster (13. Jh.) inmitten der Stadt, Zimmer in den früheren Klosterzellen etwas klein, aber sauber, Frühstück im schönen Klostergarten, gutes Restaurant, ein etwas teures, aber stimmiges Urlaubserlebnis.
Größtes Zimmer Supérieure, 2 Pers. ab € 189, Zusatzbett € 20, Parkplatz € 10, Frühstücksbüfett € 14, Kindermenü € 12.

Domaine et Golf de Pont Royal
Route du Baganais, 13370 Mallemort, Tel. 0490-57 40 79, www.golf-pontroyal.com, nordöstlich von Salon-de-Provence. April-Okt.
Luxuriöses Feriendorf, idyllische Lage in einem Naturschutzgebiet, komfortable Apartments und Ferienhäuser, weitläufiges Badeparadies mit Pools, Wellenbad, Wasserspielen und Rutschen für Kids, künstlicher Wildwasser-Rafting-Fluss (April-Sep), Kinder- und Jugendclubs von 3 bis 18 Jahren, Sportplätze, Kinderspielplatz, 4 Restaurants, im Sommer Eiscremebar, Animation auch abends. Wochenpreis Studio für 4-5 Pers. mit sehr gut ausgestatteter Küche € 531-1.587, am Wochenende (Fr-So) pro Tag € 104-282.

ÜBERPRÜFTE FERIENWOHNUNGEN

Der Ferienhausvermittler Clévacances hat eine große Palette an Ferienwohnungen, die Mindeststandards erfüllen müssen und regelmäßig überprüft werden. Ein getestetes Beispiel:

Domaine Grange Blanche
Impasse la Grange Blanche 150, 84870 Loriol-du-Comtat, Tel. 0490-65 71 30, maritieg@live.fr.
Ferienwohnung in großem Garten mit Pool und Terrasse, ruhige Lage, 2 Schlafzimmer jeweils mit Badezimmer, Wohnraum mit gemütlicher Couchecke und sehr gut ausgestatteter Küche, abgesicherte Wohnanlage, Kinderbett auf Wunsch auch möglich.
1 Woche € 500-1.050.

Vermittler für weitere Ferienwohnungen in der Provence:
Centrale de Réservation, Clévacances Vaucluse, Rue du Collège de la Croix 12, 84008 Avignon Cedex 1, Tel. 0490-80 47 18, clevacances@provenceguide.com, www.clevacances.com.

Einkaufen & Mitbringsel

Bei der Fahrt durch das Land oder beim Einkaufen in Geschäften steigen einem ständig die Düfte der Herbes de Provence in die Nase, ein Geschenk, das allen Freude macht. Die echte Kräutermischung aus der Provence vereint Thymian, Rosmarin, Lorbeer, Bohnenkraut oder Majoran. Die feinen Kräuter (fines herbes) wiederum sind eine Mischung aus fein gehackter Petersilie, Estragon, Kerbel und Schnittlauch. Recht hübsch sind die kleinen Gewürzsträußchen (bouquets garnis), meist aus Petersilie, Thymian und einem Lorbeerblatt. Und dazu passt als Dreingabe eine praktische Gewürzmühle.

Überall verführerische Düfte

Doch was wäre ein Urlaub in der Provence ohne Lavendel, entweder für sich selbst als duftende Erinnerung oder auch als Geschenk für Freunde. Es gibt das Kraut getrocknet, im bestickten Duftbeutel, als Essenz oder für das Frühstück in Form von Lavendelhonig.
Wenn wir schon bei verführerischen Düften sind, darf die klassische Marseiller Seife nicht fehlen, die in jeder Boutique und auf jedem Wochenmarkt angeboten wird. Die Produktion der Savon de Marseille hat bereits mit dem ausgehenden 17. Jahrhundert begonnen. Die echte besteht aus einem Olivenölanteil von 72 %, chemische Zusatzstoffe sind verpönt, weshalb sie auch besonders mild ist. Ein Tipp für den Haushalt: Franzosen schwören auf die Wunderwirkung der Marseiller Kernseife bei der Fleckentfernung auf Kleidern.

Doch das Thema gute Düfte hat noch kein Ende: Die Welthauptstadt des Parfüms ist Grasse oberhalb von Cannes, man erinnere sich an das verfilmte Buch „Das Parfüm“ von Patrick Süskind (siehe Kasten S. 17). Doch Vorsicht beim Einkauf, oft gibt es billige Ware, weil industrielle Betriebe inzwischen minderwertige Duftpflanzen importieren. Wer nichts zu verbergen hat, lässt sich auf die Finger schauen, in solchen Duftlaboratorien ist die Besichtigung ohne Einschränkung möglich. Und: Die Nase hat hier das letzte Wort.

Keramik für Deko und Küche

Viel Fantasie zeigen die Töpfer und Töpferinnen bei ihrer Arbeit. Ob einfacher Ton, Steingut oder feine Fayencen, immer ist in den Geschäften

Seifen, Cremes und Düfte eignen sich als Mitbringsel für Daheimgebliebene

Erst mal ausprobieren, ob die neuen Möbel auch gemütlich sind

etwas zu finden, sei es für den eigenen Bedarf oder als Aufmerksamkeit für die zu Hause gebliebenen Aufpasser auf Hund und Katze, Blumen und Post. Als Musterbeispiel gilt das schöne Dorf Moustiers-Sainte-Marie (siehe S. 78), wo das Know-how der Terrakotta-Töpferei seit dem 17. Jahrhundert von zahlreichen kleinen Unternehmen gepflegt wird. Die Auswahl reicht von Kitsch bis Kunst, zwischen Gegenständen bis Staubfängern. Für Haus und Küche gibt es Schalen, Trinkbecher, Teller, Schüsseln und Platten als Kochlöffelablage. Eine gute Gelegenheit, etwas „durch die Tonmaske" zu sagen, sind Keramikgesichter als „Grüne Frau", „Mürrischer Mann" oder neutral „Gelbe Sonne". Schmuckstücke erhalten die Freundschaft und Kinder wühlen am liebsten im Karton mit Seepferdchen, Gockeln, Schwalben und Zikaden oder begeistern sich an der glänzenden Obstmenagerie. Sehr praktisch ist der Kartoffelteufel, ein Tontopf für das Garen ohne Wasser.
Ähnlich beliebt wie die Keramik sind Gegenstände aus haltbarem Olivenholz: Salatbestecke und -schüsseln, Kochlöffel und Schneidebrettchen, Mörser und – als kleiner Liebesbeweis – ein kleines Olivenherz als „Schmeichelstein".

Delikat für Leib und Magen

Auch Spezialitäten aus dem provenzalischen Lebensmittelbereich eignen sich perfekt als kleine Mitbringsel für die Daheimgebliebenen, vor allem Käse und Wurst. Auch für Kenner ist der Banon,

ein Käse aus der Milch von Ziege, Schaf oder Kuh, eine Überraschung. Die Spezialität mit kontrollierter Herkunftsbezeichnung (AOC) aus dem Dorf Banon bei Forcalquier (Haute-Provence) wird in Blätter der Edelkastanie eingewickelt, was dem Rohmilchkäse eine besondere zusätzliche Note gibt. Bei den Wurstspezialitäten hat sich unter Feinschmeckern die Saucisson d'Arles beliebt gemacht. Sie besteht aus – Kinder, weghören! – Schweine-, Rind-, Esel- und Pferdefleisch und wird gern zum Aperitif mit Baguette serviert. „Jugendfrei" hingegen ist die Stierwurst, aus der Camargue, Marke „Stier der Camargue".
Eine Flasche Wein passt immer als Geschenk, doch Wein ist Geschmacksache, es gibt fast so viele Sorten wie Dörfer. Da halte ich mich lieber raus. Ähnlich liegt der Fall beim kalt gepressten Olivenöl.

Warum heißt er Nugat?

Angeblich haben die Griechen die süße Mischung erfunden. Sie brachten die Rezeptur über Marseille in die Provence und von dort nach ***Montélimar.*** *Seit dem 17. Jahrhundert wird* ***Nugat*** *in der Provence als nux gatum, das bedeutet „Kuchen mit Nüssen", erwähnt. In Montélimar wehrt man sich gegen diese Bezeichnung. Dort wird als volksetymologische Erklärung bevorzugt, die Bezeichnung sei von „tu nous gâtes" (= du verwöhnst uns) abgeleitet.*

Die süße Verführung findet kind im Nugatladen in Montélimar

Lecker bis sauguad

Unter den Süßigkeiten steht der Nugat an erster Stelle. Eine geschützte Marke ist der weiße Nugat aus Montélimar (Département Drôme) mit kontrollierten Anteilen vom Lavendelhonig, Mandeln und Pistazien. Bei einfacheren Sorten werden Hasel- und Erdnüsse verwendet sowie billigerer Honig. Egal ob preiswert oder teuer, Kinder, macht euch schnell ran an die Leckerei. Denn in den Ecken lauern die Motten und nisten sich ein zwischen Nüssen und Honig. Länger lagern, weil sie sich daran die Zähne ausbeißen, könnt ihr die Calissons aus Aix und die Berlingots aus Carpentras. Calissons sind ein Konfekt mit Mandeln, kandierten Melonen und Orangen, Berlingots sind Bonbons mit der unvergleichlichen Geschmacksmischung aus Kaffee, Orange, Anis, Zitrone, Kirsche, Erdbeere, Melone und Lavendel. Lasst es euch schmecken und nach dem Urlaub den Zahnarzt nicht vergessen!

Festkalender

Courses Camarguaises, Stierkämpfe

Jährlich im Juni, August und November, Place du Marché, 13150 Tarascon, Tel. 0490-91 00 07, aktuelle Termine in verschiedenen Städten über www.ffcc.fr.

Bunte Fensterbilder lassen sich in Avignon bestaunen

Bauernmarkt

Jährlich von Anfang Mai bis Ende Oktober jeden Freitag, Place du Marché, 13690 Graveson, zwischen Arles und Avignon, www.lemarchepaysan.com.

Januar

Avignon

Mitte Januar Festival Cheval Passion (www.cheval-passion.com) rund um das Pferd mit Teilnehmern aus ganz Europa, Pferdekutschenwettbewerbe.

Februar

Marseille

Am 2. Februar (Mariä Lichtmess) Prozession mit grünen Kerzen in der Basilika Saint-Victor.

März/April

Festo Pitcho, das große Fest mit Umzügen, Tanz, Theater und vielen anderen Spektakeln für Kinder von 2 bis 18 Jahren in Avignon, Carpentras, Cavaillon, Châteauneuf-de-Gadagne, Le Thor, Monteux, Monières-lès-Avignon und Vaison-la-Romaine.
Termine und weitere Einzelheiten über www.festopitcho.com und www.provenceguide.com.

Mai

Arles

Am 1. Mai in Notre-Dame-de-la-Major Fest der Nacioun **Gardiano**, Messe für die Rinderhirten (Gardians)

Saintes-Maries-de-la-Mer

24./25. Mai **Wallfahrt** zu Ehren der Schutzpatronin Sara.

Gesetzliche Feiertage

1. Januar (Neujahrstag)
Ostermontag
1. Mai (Tag der Arbeit)
8. Mai (Tag des Waffenstillstands 1945)
Christi Himmelfahrt (beweglich)
14. Juli (Nationalfeiertag)
15. August (Mariä Himmelfahrt)
1. November (Allerheiligen)
11. November (Tag des Waffenstillstands 1918)
25. Dezember (1. Weihnachtsfeiertag)
An diesen Tagen sind nahezu alle Banken, Behörden, Geschäfte usw. geschlossen.

Juni

Tarascon

Am letzten Wochenende das Tarasque-Fest mit Trachtenumzügen und Stierrennen.

Juli/August

Aix-en-Provence

Festival d'Art lyrique, Opernfestspiele im Innenhof des ehemaligen erzbischöflichen Palastes, Tel. 0490-27 66 50, www.festival-aix.com.

Avignon

Festival d'Avignon im Ehrenhof des Papstpalastes, www.festival-avignon.com.

Orange

Juli und August Chorégies d'Orange, Opern und Konzerte im antiken Theater, www.choregies.fr.

August

La Roque-d'Anthéron

27 km nordöstlich von Salon-de-Provence von Ende Juli-Ende August **Festival International de Piano** auf der Freilichtbühne im Park des Château de Florans, www.festival-piano.com

L'Îsle-sur-la-Sorgue

Am ersten Sonntag im August bieten beim **Marché Flottant** Antiquitätenhändler ihre Waren auf flachen Booten an.

Menton

Festival de Musique, Kammermusik und Jazz, www.festival-musiquementon.fr.

Oktober

Marseille

Von Mitte bis Ende Oktober bietet die **Fiesta des Suds** in einer alten Lagerhalle am Hafen (Dock des Suds, Rue Urbain V 12) internationale Musik, www.dock-des-suds.org.

November

Fréjus

Drachenfestival **Festival International de l'Air.**

November/Dezember

Fontvieille/Les Alpilles

Eine lange Tradition hat die **Fête de l'Huile nouvelle de la Vallée des Baux**, das Fest zu Ehren des neuen Olivenöls, mit Umzügen und Verkostung, Tel. 0490-54 67 49, www.fontvieille-provence.com.

Weihnachten

Allauch bei Marseille

Bei der **Mitternachtsmesse** an Heiligabend treiben Hirten ihre Herden zur Dorfkirche, www.allauch.com.

Flora & Fauna

Die Pflanzen- und Tierwelt der Provence ist meist bei den zehn Touren beschrieben (ab S. 30). Jetzt folgt eine systematische Aufzählung nach Vegetationsstufen von Alm bis Salzsee. Und über allem liegt der Gesang der Zikaden (siehe Kasten).

Oasen für Schafschwingel

Auf den Almen der Provence wird Weidewirtschaft betrieben, weshalb Hobbybotaniker die grünen Matten lieber vor dem Almauftrieb besuchen, um den mit vielen Farbtupfern geschmückten Grasteppich zu bestaunen. Der Schafschwingel fällt durch seine blau leuchtenden Grashalme auf, die Bergtrespe ähnelt mit ihren Ährchen und Grannen einem Getreide, der gelbe Weiden-Alant ist eine auf dem Boden kriechende Ginsterart, unter den Orchideenarten sind violettes Manns-Knabenkraut und Bertolonis Ragwurz vertreten, ein Sexualtäuscher, weil er mit seinem Aussehen, in diesem Fall dem einer Hummel, zum Bestäuben anlockt. Andere Blüten werden von Schmetterlingen besucht, u. a. vom geschützten Apollofalter mit seinen schwarz-rot gepunkteten Flügeln. Und wenn aus den Grasbüscheln ein „Dsipsissi, sissi-sip“ zu hören ist, gehört es zur selten sichtbaren Zaunammer.

Der Hummelragwurz ist eine Besonderheit unter den Orchideen

Zikade oder Grille?

Die ständige Begleitmusik der Singzikaden ist ein Markenzeichen der Provence. Es handelt sich keinesfalls um eine bei uns heimische Grille. Der Unterschied beginnt schon beim Toninstrument: Die Grille sägt mit den beiden Vorderflügeln, reibt sie übereinander, das macht die Musik. Die Zikade hingegen hat im Körper ein spezielles Trommelorgan (Tymbale), der Ton kommt aus lauter Kehle, die in diesem Fall allerdings im hinteren Teil des Körpers sitzt. Beiden gemeinsam ist: Es tönen nur die Männchen, die damit um Weibchen buhlen.

Zitronenduft im Eichenwald

Auf den nach Norden gerichteten Hängen gedeihen sommergrüne Weiß- und Flaumeichen. Die im Schatten der Eichen turmartig aufgereihten rosaroten Blüten mit dunklen Adern haben den seltsamen Namen Diptam (Dictamnus albus). Die Blume riecht stark nach Zitrone und ist eine wichtige

Futterpflanze für die Raupe des Schwalbenschwanzes. Für neugierige Jungbotaniker heißt es aber Finger weg! Unter Einwirkung von Sonnenlicht gibt es bei Kontakt einer Verbrennung ähnliche Hautreaktionen. Was vom Eichengipfel auf den Boden flattert, ist die durch einen sehr langen Schnabel auffallende Waldschnepfe, und wer leichtfüßig die Baumstämme hochklettert, ist ein Vogel namens Kleiber.

Macchie und Garigue

An den Südhängen der provenzalischen Berge breitet sich zwischen Kalkfelsen eine artenreiche Heidelandschaft aus. Sie wird unterschieden in die nur bis zu einem Meter hohe Garigue und die fast undurchdringliche Buschformation der Macchie. Die Macchie entstand durch zu starke Beanspruchung von Mensch und Weidevieh, wird häufig begleitet von niedrig wachsenden Steineichen und Zwergbüschen der Kermeseiche. Bunt und duftend gestaltet wird sie vorwiegend von Schopfigem Lavendel, Ginster, Myrte, Mastix, wilden Oliven, Baumheide und Erdbeerbaum, dessen Früchte im reifen Zustand (tiefrot) genießbar sind. Auch die durch Beweidung mit Ziegen, Schafen und Rindern locker gestaltete Garigue, eine Degradationsstufe der Macchie, ist recht artenreich. Ihre wichtigsten Bewohner sind ein halber Kräutergarten mit Rosmarin, Thymian, Lavendel und Salbei, außerdem Zistrose, Wolfsmilch, Ginster, Affodill und Meerzwiebel. Wer auf die Knie geht, entdeckt im Schatten der Garigue die Sternanemone sowie Orchideen wie Knabenkraut, Ragwurz und Zungenstendel. Und wer länger auf dem Heideboden

Im Juni sieht man überall die gelben Ginsterbüsche blühen

bleibt, begegnet vielleicht der bis zu 60 Zentimeter langen Perleidechse, die größte Eidechsenart Europas, oder der Etruskerspitzmaus, das kleinste Säugetier der Welt!

Feldstecherpirsch

Fast alle provenzalischen Landschaften sind durchzogen von Felshängen, Schluchten und Geröllhalden. Sie sind das Reich der Greifvögel. Die besten Chancen für mit Feldstecher bewaffnete Hobby-Ornithologen bieten Habichtsadler und Schmutzgeier. Auf kargem Boden gedeihen vorwiegend der Scharfe Mauerpfeffer mit dickfleischigen Laubblättern und goldgelber Blüte, das Laserkraut, ein Doldenblütler, und das hellrosa blühende Rosmarin-Weidenröschen, umflattert von Nachtkerzen- und Fledermausschwärmern.

Die am tiefsten liegende Landschaft mit einem Wundersortiment an Pflanzen und Tieren ist die Camargue. Von Salzwiese bis Flamingos, Büffelhatz bis Halophyten ist alles genau in Tour 6, beschrieben (ab S. 56).

Geschichte

Aus Jägern wurden Bauern

In den Höhlen der Provence lebten schon vor mehr als 200.000 Jahren aufrecht gehende Prä-Neandertaler. Sie gingen auf die Jagd und sammelten Früchte wie auch die nachfolgenden Neandertaler, die vom Homo sapiens, dem ersten modernen Menschen, vor 40.000 Jahren abgelöst wurden. Zahlreiche Beweise der frühen Besiedlung, Steinwerkzeuge und Skelette des Cro-Magnon-Menschen, wurden in den Grimaldigrotten östlich von Menton (Côte d'Azur) gefunden. Die Zeit der Jagd dauerte in der Provence bis etwa 4.500 v. Chr., in dieser Zeit begannen die Frühprovenzalen damit, eine Bauern- und Hirtenkultur zu gründen, im Rhônetal Getreide anzubauen, mit Werkzeugen umzugehen, Vorräte anzulegen und Steinhütten zu bauen, vielleicht in der Art wie die Bories bei Gordes (siehe S. 95).

Italienisches Flair bietet das Théâtre Antique in Arles (S. 62)

Griechen rufen Römer zu Hilfe

Viele Jahrhunderte war die Provence von ligurischen Stämmen besiedelt, die sich ab dem 6. Jahrhundert v. Chr. mit den aus dem Norden eingewanderten Kelten vermischten. Etwa zur gleichen Zeit (620 v. Chr.) kolonialisierten die Griechen auf der Suche nach neuen Handelswegen die Küste, gründeten Massalia (siehe Kasten S. 8), später Nizza, Antibes, Arles und Monaco. Mit den im Inneren des Landes lebenden Keltoligurern lebten sie friedlich zusammen, brachten ihnen Wein- und Olivenanbau bei. Doch um 125 v. Chr. wollten sich die keltoligurischen Stämme die Besetzung nicht mehr gefallen lassen und bedrängten die kriegserfahrenen Griechen so sehr, dass diese die Römer um Hilfe riefen. Und die kamen gern, wollten sie doch ihren Machtbereich nach Norden hin ausdehnen.

Römer im Zentrum des neuen Machtbereichs

Die Römer lieferten den alten Besatzern blutige Schlachten, Caesar zerstörte 49. v. Chr. Marseille, hatten sich die Griechen doch mit seinem Widersacher Pompeius verbündet. Der Kaiser und seine Nachfolger gründeten neue Städte (Aix, Apt, Fréjus), bauten das Straßensystem aus, errichteten Arenen, Theater, Triumphbögen und Aquädukte für die Wasserversorgung, bis heute sichtbare Zeugen einer langen Friedensperiode (siehe S. 61 ff.). Ende des 5. Jahrhunderts ging die römische Kultur in der Provence nieder, blutige Einfälle germanischer

Beeindruckend sind die Ruinen des Klosters Thoronet. Ein Ausflug lohnt sich!

Völker, u. a. der Kimbern und Teutonen, bestimmten eine neue Ära. Gleichzeitig hatte die Christianisierung begonnen, in Marseille und bei Cannes wurden die ersten Klöster gegründet, u. a. Thoronet (siehe S. 38).

Ein verwirrendes Mittelalter

Man wird wirr im Kopf bei der Verfolgung der Geschichtstabelle des Mittelalters. Deshalb die Herrscherfolge in knappen Zügen:
Nach dem Sieg der Franken über die Westgoten (507), die Ostgoten und die Burgunder (536), wurde die römische Ex-Provinz für 320 Jahre fränkisch.
855-879 karolingisches Königreich, 879-933 Königreich Niederburgund, Hauptstadt Arles, ab 934 Teil des vereinigten Königreichs Burgund.
Von 888-975 waren allerdings die Sarazenen Störenfriede der königlichen Herrschaften, ihre Plünderungen der Küstenregion hörten erst auf, als ihr Stützpunkt bei Saint -Tropez zerstört wurde.
Ende des 10. Jahrhunderts: Die Grafen von Arles bemächtigten sich der Provence, bis beide Töchter des gerade herrschenden Grafen für Unordnung sorgten (1112): Eine nahm den Grafen von Toulouse, die andere den von Barcelona zum Manne. Ehe die Gatten um das Erbe kämpften, teilten sie das Land (1125): Toulouse erhielt das Gebiet nördlich der Durance, Barcelona den südlichen Teil.
1246: Wegen Erbsachen, erschwert durch Kinderlosigkeit und Heirat mit Neapel, ging die Herrschaft über die geplagte Provence vom Königreich Aragon an das Haus Anjou über. Dann war erst einmal länger Ruhe.
1309: Die Markgrafschaft Provence (rund um Avignon) geriet unter die Herrschaft des seit 1309 in Avignon regierenden Gegenpapsts Clemens V.

1345: Die abenteuerliche Johanna I. von Anjou, vom Mord an ihrem Ehemann freigesprochen, verkaufte dafür Avignon an den Gegenpapst Clemens VI.
1382: Per Testament war das Jüngere Haus Anjou mit der Regierung der Provence (außer dem Gebiet Avignon) betraut.
1388: Komplizierte Zuständigkeiten führten dazu, dass die Grafschaft Nizza, 1388 von der Grafschaft Savoyen annektiert, erst 1860 nach einer Volksabstimmung von Italien abgetrennt wurde, bis auf einige in Italien verbleibende Orte.
1431: Ende der Macht der Gegenpäpste von Avignon.
1481: Ende der Anjou-Herrschaft durch Tod des letzten Grafen, der französische König Ludwig XI. erbte die Provence.
1492: Kolumbus entdeckt Amerika, Ende des Mittelalters.

Eine kriegerische Neuzeit beginnt

Das 16. Jahrhundert war eine Ära blutiger Kriege. Auch die Provence litt unter dem in Frankreich tobenden Religionskrieg zwischen Katholiken und Protestanten (acht Hugenottenkriege von 1562-1598). Zur selben Zeit kam es zu Bauernaufständen. Nach einer Weile der Ruhe wurden die Menschen von der Pest gequält, in Marseille wurden in den Jahren 1720/21 mehr als 40.000 Bürger Opfer des Schwarzen Todes.
1789 begann die unruhige Zeit der Französischen Revolution. 1793 wandte sich Toulon von den Jakobinern ab und übergab den wichtigen Kriegshafen den Alliierten unter Führung der Briten. Nach schweren Kämpfen und Niederlagen gelang es dem bislang kaum bekannten Napoleon Bonaparte, mit der Artillerie die Briten unter schweren Verlusten zu vertreiben. Napoleon wurde zum General ernannt. 1815 zog er als Kaiser auf der heutigen Route Napoléon über Cannes, Grasse und Grenoble nach Paris.

Auswirkungen des Nationalsozialismus

Nach Hitlers Machtübernahme flohen viele deutsche Intellektuelle 1933 in die Provence, bildeten u. a. in Sanary-sur-Mer (westlich von Toulon) Exilanten-Kolonien. Nach dem Einmarsch deutscher Truppen wurde Frankreich 1940 in eine besetzte Nord- und eine unbesetzte Südzone mit der Provence aufgeteilt (Vichy-Regime unter Marschall Pétain). Ungeachtet der Abmachungen besetzten deutsche und italienische Truppen 1942 den Süden Frankreichs. Im August 1944 landeten dann die Alliierten im Osten Toulons und begannen die Befreiung. Nach Ende des algerischen Unabhängigkeitskriegs 1962 flohen viele Auslandsfranzosen (pieds noirs = Schwarzfüße) von Algerien in den Süden Frankreichs.

Die Natur entdeckt

In der Provence begann der Schutz der Umwelt: 1970 Parc Naturel Régional de Camargue, 1977 Parc Naturel Régional du Luberon zwischen Avignon und Manosque sowie Parc Naturel Régional du Queyras im äußersten Norden, 1979 Parc National du Mercantour im Norden von Nizza und Menton, 1997 Parc Naturel du Verdon entlang der Verdonschlucht, 2007 Parc Naturel Régional des Alpilles südlich von Avignon, 2011 Parc National des Calanques zwischen Marseille und Cassis.

Sport

Angeln
Der Angelsport wird in der Provence an Bergseen, Flüssen und Bächen bis zum Meer ausgeübt. Für Urlauber gibt es Tageskarten oder einen Angelschein für 14 Tage bei der Touristinformation, in der Mairie (Rathaus) oder in Angelgeschäften: für Erwachsene „Personne Majeure", für Jugendliche von 12 bis 18 Jahren „Personne Mineure", für Kinder unter 12 Jahren „Carte Découverte". Weitere Auskünfte gibt es über www.federationpeche.fr.

Golf
In der Provence gibt es mehr als 50 Golfplätze, detaillierte Informationen über www.1golf.eu.

Radfahren/Mountainbiking
Nicht vergessen: Das Tragen einer reflektierenden Sicherheitsweste ist für Radfahrer obligatorisch. Radtouren mit unterschiedlicher Dauer bieten in der Provence auch die kleinsten Informationsbüros an. Nicht immer ist ein Radverleih zur Hand, da ist die Familie im Vorteil, die ihre Räder Huckepack auf dem Auto mitführt.
Gute Vorschläge für Radtouren bei www.hautvaucluse.com und www.provence-tourismus.de.
Geführte Radtouren vom Spezialisten: www.radissimo.de/provence, www.provence-ventouxcomtat.com, www.rad-reise-service.de, www.france-naturelle.de.
Einen besonderen Service bietet **Accueil Vélo**, ein Zusammenschluss von Hotels, Vermietern und Restaurants, die sich speziell auf Radwanderer eingerichtet haben. Die Broschüre kann unter www.provence-a-velo.fr heruntergeladen werden.

Reiten
Ausführliche Programme für Pferdefreunde bieten
www.reiten.de und
www.provence-tourismus.de.

Sportfreunde entdecken tolle Radtouren und -wege in der Provence

Mit dem E-Bike ins Lavendelfeld

Die neue Mode, mit dem Hilfsmittel Elektromotor steile Radpisten zu bezwingen, hat auch in der Provence Fuß gefasst. In ***Moustiers-Sainte-Marie*** *erleichtert das E-Bike die Tour durch den Südostteil der wunderschönen, fast autofreien Lavendelhochebene Valensole. So können Sie in Ruhe die Landschaft genießen. Sie starten am unteren Ende von Moustiers bei* ***Eco2 Bikes*** *(s. u.) und biegen auf der D 952 nach der Tankstelle ab auf die C 3 in Richtung Sainte-Croix-du-Verdon. Gleich wird der Motor zugeschaltet, denn die folgenden fünf Kilometer haben 16 % Steigung. Oben angekommen, verstummt das Brummen des Motors, wird ersetzt durch das Summen von unzähligen Bienen und Hummeln, die dem weiten „Königreich des Lavendels" die passende Melodie bescheren. Fotofreunde kommen ab hier in Verzückung, halten ständig an, um die sich bis zu den Steilhängen der Verdonschlucht schlängelnden Lavendelreihen abzulichten.*

Nach 14,5 Kilometern ist die Hauptstraße D 111 erreicht. Ein Abstecher reizt: Links führt die Straße abwärts zum ***Lac de Sainte-Croix,*** *zum Badeplatz, zu Tretbooten mit Rutschen, Kanu, Segelbooten und Snackbar. Oben geht die Radtour weiter auf der D 111 (Vorsicht, hier gibt es kurz Autoverkehr) bis zu Kilometer 51,5, dort rechts ab auf eine enge Straße ohne Bezeichnung, immer in Richtung der Sendemasten von Radio Monte Carlo. Nach rot-weißen Wanderzeichen fährt die Gruppe links ab, mitten durch die Antennen und leicht kurvig abwärts. Es folgen Steineichen, gleich wieder Lavendelflächen, unterbrochen von Getreidefeldern und Sonnenblumen. Links ein Rehgehege, dann abwärts nach* ***Roumoules*** *(früher Romolea = kleines Rom, weil von sieben Hügeln umgeben). Im Ort kann man Rastpause machen oder Bienenhonig kaufen, den besten, den es gibt. Nur kurz auf die D 952 – notfalls einen der 733 Einwohner nach dem Weg fragen – und gleich rechts hoch auf ein Sträßchen ohne Bezeichnung. Rechts steht eine kleine Farm, umzingelt von Lavendelfeldern. Dann eine Mandelplantage, eine größere Farm und zwei Wegstrecken zur Wahl. Beide führen zum Beginn dieser Hochebenen-Strecke. Werfen Sie noch einen Blick zurück auf die umschwärmte Lavendelebene, dann geht's steil abwärts, bis das am Felsen liegende Moustiers die Radler wieder begrüßt. Insgesamt 40 Kilometer Lavendeltour auf fast verkehrsfreien Wegen sind somit bezwungen.*

E-Bike-Verleih: *Eco2 Bikes, Centre Commercial les Magnans, Tel. 0650-40 63 74, eco2bikes@gmail.com. Mai-Okt tgl. 9-19.30 Uhr. E-Bike ½ Tag (4 Std.) € 16, 1 Tag (8 Std.) € 36, Biketrailer (Radanhänger für Kleinkinder) € 10. Es werden zwei Touren angeboten, die kleine hier beschriebene und eine größere, die über viele verkehrsreiche Straßen führt, für Familien nicht zu empfehlen. Infos über weitere E-Bike-Stationen bei www.sun-e-bike.com.*

Wassersportler zieht es an die Strände zum Kitesurfen und Segeln

Rafting/Canyoning

Eine wichtige Adresse ist der Lac de Sainte-Croix (siehe S. 27).

Wandern

Wandern mit Kindern fällt in den Sommerferien in der Provence aus, denn schon ab Juni, spätestens allerdings im Juli und August ist es oft zu heiß für lange Touren im Freien. Hinzu kommt, dass die meisten Wege kaum schattige Abschnitte haben. Auch sind im Juli und August wegen der großen Waldbrandgefahr manche Wege gesperrt, in den Alpilles beispielsweise. Die besten Wanderzeiten sind deshalb von Ostern bis Ende Mai und im September bzw. Oktober.

Gute Wegbeschreibungen liefern die meisten Fremdenverkehrsbüros und zahlreiche Websites, z. B. www.provence-tourismus.de oder www.provence-entdecken.de/wanderungen. Touren auch mit Esel bietet www.wandertouren-frankreich.de. Es ist ratsam, vorher noch einmal zu prüfen, ob die Wegbeschreibungen auch genau sind. Auch wenn die Markierungen mit der Zeit bereits besser geworden sind, können die Hinweise dennoch verwittert oder abgerissen sein. Deshalb ist es im Zweifelsfall besser, die ersten Wanderungen mit Führer zu machen. Gute Adressen sind zum Beispiel:
www.provence-tipp.de,
www.france-ecotours.com und
www.france-naturelle.de.

Wassersport

Sehr gute Adressen, ob Segeln, Tauchen, Surfen, Rudern oder Kajakfahren, gibt es bei www.myprovence.fr.

Verlag: COMPANIONS GmbH,
Bei den Mühren 1, 20457 Hamburg,
Tel. 040-306 04-600,
Fax 040-306 04-690,
E-Mail: info@companions.de,
Internet: www.companions.de

Autor: Gottfried Aigner
Lektorat: Anne Beyer
Schlussredaktion: Laura Lepple
Schlusskorrektur: Kerstin Gonsior
Titelgestaltung und Layout:
Cornelia Prott

Druck und Bindung:
DZA Druckerei zu Altenburg GmbH

Bildnachweis:
alle Bilder von Gottfried Aigner, außer: Nana Claudia Nenzel S. 4, 46, 97, Fotolia.com/Aleksandrs Kosarevs S. 16, Fotolia.com/Philetdom S. 19, panthermedia.net/Ingram Vitantonio Cicorella S. 20, Fotolia.com/Matteo Natale S. 22, Karte: Karthographiestudio Jochen Fischer
Titelfoto: GettyImages/Cultura/Christine Schneider

Der Autor dankt seiner Frau und Kollegin für ihre selbstlose Unterstützung und Mitarbeit sowie für die Kunst, als Beifahrerin in der lückenhaft beschilderten Provence auch auf Nebenstrecken den richtigen Weg zu finden.

ISBN 978-3-89740-735-0